U0446360

國家出版基金項目
NATIONAL PUBLICATION FOUNDATION
重慶市出版專項資金

來知德全集（輯校）

第九册

周易集注·中（影印）

〔明〕來知德　撰
郭東斌　主編
劉重來　薛新力　學術審稿

重慶出版集團
重慶出版社

圖書在版編目（CIP）數據

周易集注．中／（明）來知德撰；郭東斌主編．— 影印本．— 重慶：重慶出版社，2021.6
（來知德全集：輯校）
ISBN 978-7-229-15300-7

Ⅰ．①周… Ⅱ．①來… ②郭… Ⅲ．①《周易》- 注釋 Ⅳ．① B221.2

中國版本圖書館 CIP 數據核字（2020）第 189902 號

周易集注 · 中（影印）
ZHOUYI JIZHU · ZHONG（YINGYIN）
〔明〕來知德 撰 郭東斌 主編

總 策 劃：郭 宜 鄭文武
責任編輯：王 娟 朱 江
美術編輯：鄭文武 王 遠
責任校對：何建雲
裝幀設計：王芳甜

重慶出版集團
重慶出版社 出版

重慶市南岸區南濱路 162 號 1 幢 郵編：400061 http://www.cqph.com
重慶市聖立印刷有限公司印刷
重慶出版集團圖書發行有限公司發行
E-MAIL:fxchu@cqph.com 郵購電話：023-61520646
全國新華書店經銷

開本：787mm × 1092mm 1/16 印張：41.75
2021 年 6 月第 1 版 2021 年 6 月第 1 次印刷
ISBN 978-7-229-15300-7
定價：520.00 元

如有印裝質量問題，請向本集團圖書發行有限公司調換：023-61520678

版權所有 侵權必究

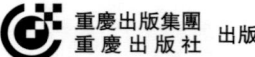

《周易集注·中（影印）》編委會成員

學術顧問：唐明邦　徐芹庭

主　　編：郭東斌

副 主 編：陳禕舒　陳益峰　欒保群

編　　委：金生楊　郭東斌　陳果立　陳禕舒　陳益峰　熊少華

鄧忠祥　嚴曉星　欒保群

（按姓氏筆畫排序）

總目録

目録

梁山來知德先生易經集註卷之五

平山後學崔華重訂　男巒岱嶹齊同校

䷒ 兌下坤上

臨者進而臨逼于陽也二陽浸長以逼于陰故爲臨十二月之卦也天下之物密近相臨者莫如地與水故地上有水則爲比澤上有水則爲臨序卦有事而後可大臨者大也蠱者事也韓康伯云可大之業由事而生二陽方長而盛大所以次蠱

臨元亨利貞至于八月有凶

臨綜觀。二卦同體。文王綜爲一卦。故雜卦曰、臨觀之義。或與或求。言至建酉。則二陽又在上。陰又逼迫陽矣。至于八月。非臨。數至觀八箇月也。言至建酉之月爲觀。見陰之消不久也。專以綜卦言。

彖曰。臨剛浸而長。說而順。剛中而應。大亨以正。天之道也。至于八月有凶。消不久也。

以卦體卦德釋卦名卦辭。浸者、漸也。言自復一陽生。至臨則陽漸長矣。此釋卦名。說而順者。內說而外順也。說則陽之進也。不逼。順則陰之從也。不逆。

剛中而應者九二剛中應乎六五之柔中也言雖剛浸長逼迫乎陰然非倚剛之强暴而逼迫也乃彼此和順相應也此言臨有此善也剛浸長而悅順者大亨也剛中而應柔中者以正也天之道者天道之自然也言天道陽長陰消原是如此大亨以正也一誠通復豈不大亨以正故文王卦辭曰元亨利貞者此也然陰之消豈長消哉至酉曰觀陰復長而凶矣

象曰澤上有地臨君子以教思无窮容保民无疆

教者。勞來匡直之謂也。思者。教之至誠惻怛出于心思也。无窮者。教之心思不至厭斁而窮盡也。容者。民皆在統馭之中也。保者。民皆得其所也。無疆者。無疆域之限也。無窮與兌澤同其淵深。無疆與坤土同其博大。二者皆臨民之事。故君子觀臨民之象以之。

初九咸臨貞吉

咸皆也。同也。以大臨小者。初九九二臨乎四陰也。以上臨下者。上三爻臨乎其下也。彼臨乎此。此臨乎彼皆同乎臨故曰咸臨卦惟二陽故此二爻皆稱咸臨。九剛而得正。故占者貞吉。

象曰咸臨貞吉志行正也

初正。應四亦正。故曰正。中爻震足。故初行。五亦行。

九二咸臨吉无不利

咸臨與初同。而占不同者。九二有剛中之德。而又有上進之勢。所以吉無不利。

象曰咸臨吉无不利未順命也

未順命者。未順五之命也。五君位。故曰命。且兌綜與○亦有命字之象○本卦彖辭悅而順○孔子恐人疑此爻之吉無不利者○乃悅而順五之命也○故于小象曰二之吉利者○乃有剛中之德○陽勢上進○所以吉利也○未順五之命也○

六三甘臨无攸利既憂之无咎

甘臨者○以甘悅人而无實德也○坤土其味甘○兌爲口○甘之象也○故節卦九五變臨亦曰甘節无攸利者○不誠不能動物也○變乾○乾三爻惕若憂之象也○

○三居下之上○臨人者也○陰柔悅體○又不中正○故

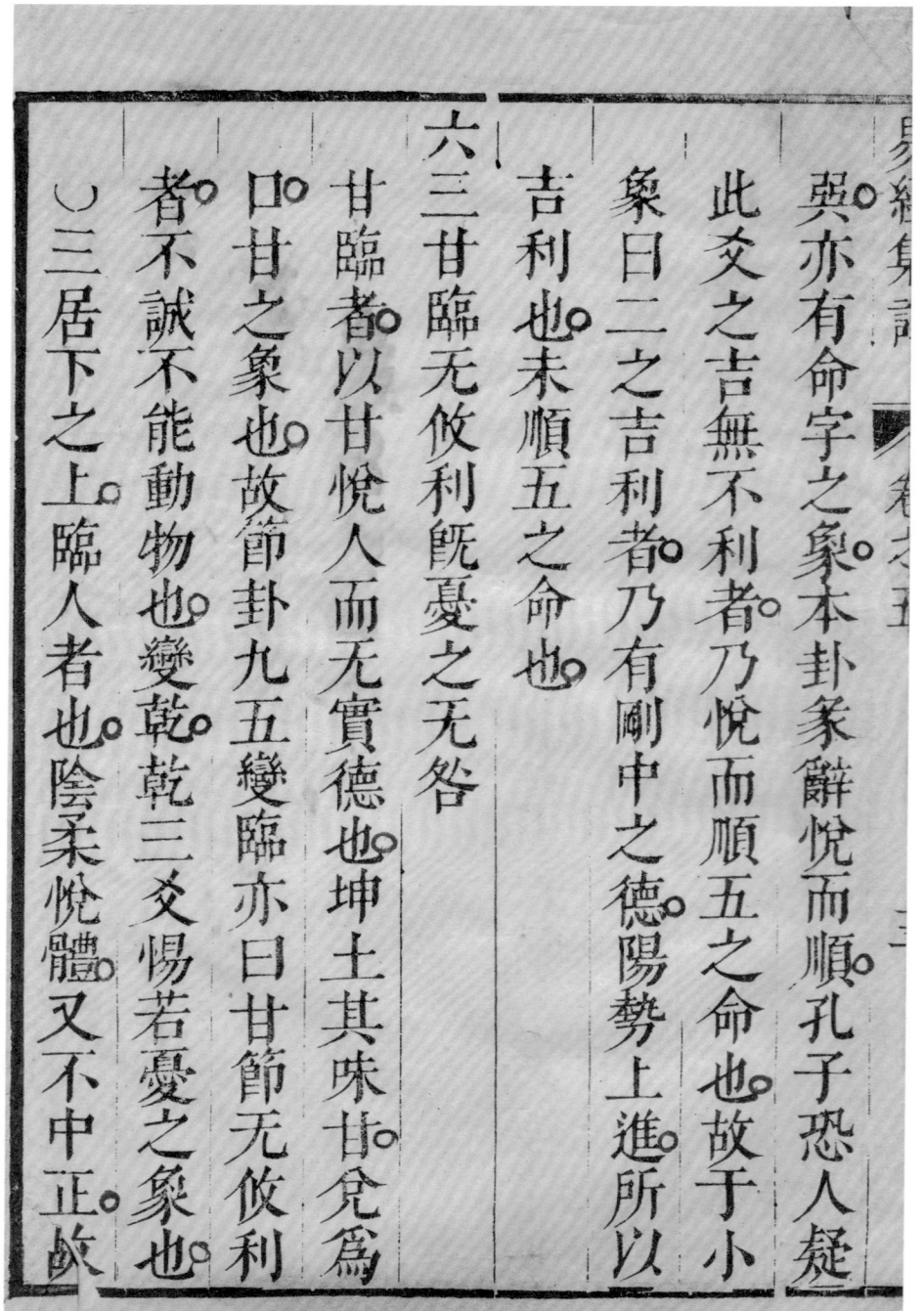

有以甘悅臨人之象。此占者所以无攸利也。能憂而改之。斯无咎矣。

象曰甘臨位不當也既憂之咎不長也

位不當者。陰柔不中正也。咎不長者。改過也。

六四至臨无咎

六四當坤兌之交。地澤相比。蓋臨親切之至者。所以占者无咎。

象曰至臨无咎位當也

以陰居陰故位當。

六五知臨大君之宜吉 知音智

變坎坎爲通智之象也知臨者明四目達四聰不自用而任人也應乾陽故曰大君知臨之知原生于九二故即曰大君知者覺也智即知也六五非九二不能至此宜者得人君之統體也○六五柔中居尊下任九二剛中之賢兼衆智以臨天下蓋得大君之宜者也吉可知矣占者有是德亦如是占也

象曰大君之宜行中之謂也

與初行正同六五中九二亦中故曰行中行中即用中中爻震足行之象也

上六敦臨吉无咎

敦厚也爻本坤土又變艮土敦厚之象初與二雖非正應然志在二陽尊而應卑高而從下蓋敦厚之至者○上六居臨之終坤土敦厚有敦臨之象吉而无咎之道也故其象占如此

象曰敦臨之吉志在内也

志在内卦二陽曰志者非正應也

䷓ 坤下巽上

觀者有象以示人而爲人所觀仰也風行地上遍觸萬類周觀之象也二陽尊上爲下四陰所觀仰觀之義也序卦臨者大也物大然後可觀故受之以觀所以次臨

觀盥而不薦有孚顒若觀官奐反

盥者將祭而潔手也薦者奉酒食以薦也有孚者信也顒者大頭也仰也爾雅顒顒君之德也大頭在上之意仰觀君德之意言祭祀者方潔手而未

薦人皆信而仰之矣觀者必當如是也自上示下曰觀去聲自下觀上曰觀平聲

彖曰大觀在上順而巽中正以觀天下觀盥而不薦有孚顒若下觀而化也觀天之神道而四時不忒聖人以神道設教而天下服矣觀皆去聲惟下觀而化平聲

以卦體卦德釋卦名又釋卦辭而極言之順者心于理無所乖巽者事于理無所拂中正即九五陽大陰小故曰大觀在上中正則所觀之道也言人君欲為觀于天下者必所居者九五大觀之位所

具者順巽之德而後以我所居之中。觀天下之不中。所居之正。觀天下之不正。斯可以爲觀矣。所以名觀。下觀而化。故人信而仰之。所以有孚顒若者此也。盥而不薦者。神感也。有孚顒若者。神應也。此觀之所以神也。故以天道聖人之神道極言而贊之。神者。妙。不可測。莫知其然之謂。天之神道非有聲色。而四時代謝。無少差忒。聖人神道設教。亦非有聲色。而民自服從。觀之神一而已矣。

象曰風行地上觀先王以省方觀民設教上觀去聲下觀平聲

省方者。巡狩省視四方也。觀民者。觀民俗也。即陳詩以觀民風。納價以觀好惡也。設教者。因俗以設教也。如齊之末業。教以農桑。衛之淫風。教以有別是也。風行地上。周及庶物。有歷覽周遍之象。故以省方體之。坤為方。方之象。巽以申命。設教之象。

初六童觀。小人无咎。君子吝。觀平聲

童者。童稚也。觀者。觀乎五也。中爻艮為少男。童之象也。初居陽。亦童之象。故二居陰。取女之象。小人者。下民也。本卦陰取下民。陽取君子。无咎者。百姓日用而不知所以无咎也君子吝一句乃足上句之意故小象不言君子○初六當大觀在上之時陰柔在下去五最遠不能觀五中正之德輝猶童子之識見不能及遠故有童觀之象然其占在小人則无咎若君子豈无咎哉亦可羞吝矣見在小人則當无咎也

象曰初六童觀小人道也

不能觀國之光小人之道自是如此

六二闚觀利女貞觀平聲

闚與窺同門內窺視也不出戶庭僅窺一隙之狹者也曰利女貞則丈夫非所利矣中爻艮門之象也變坎爲隱伏坎錯離爲目目在門內隱伏處窺視之象也二本與五相應但二之前即門所以窺觀○六二陰柔當觀之時居內而觀外不出戶庭而欲觀中正之道不可得矣故有窺觀之象惟女子則得其正也故其占如此

象曰闚觀女貞亦可醜也

婦無公事所知者蠶織女無是非所議者酒食則

窺觀乃女子之正道也。丈夫志在四方。宇宙内事。乃吾分内事。以丈夫而爲女子之觀。亦可醜矣。

六三觀我生進退觀平聲

下爻皆觀乎五、三隔四、四已觀國之光、三惟觀我生而已、我生者我陰陽相生之正應也、即上九也、爲進退爲不果者巽也、巽有進退之象、故曰觀我生進退○六三當觀之時、隔四不能觀國、故有觀我生進退之人之象、不言占之凶咎者、陰陽正應、未爲失道、所當觀者也、

象曰觀我生進退未失道也

道者陰陽相應之正道也

六四觀國之光利用賓于王（觀平聲）

光者九五陽明在上被四表光四方者也下坤土國之象中爻艮輝光之象四承五賓王之象九五王之象觀國光者親炙其盛快覩其休也賓者已仕者朝覲于君君則賓禮之未仕者仕進于君君則賓興之也觀卦利近不利遠六二中正又乃正應乃曰闚觀則不利于遠可知矣○六四柔順得

正。最近于五。有觀光之象。故占者利用賓于王。

象曰觀國之光尚賓也

尚謂心志之所尚。言其志意願賓于王朝。

九五觀我生句君子无咎觀去聲

九五上九生字、亦如六三生字、皆我相生之陰陽也、觀我生作句、上九相同、觀孔子小象可見矣、觀我生者、觀示乎我所生之四陰也、即中正以觀天下也、君子无咎、對初爻小人无咎言、下四陰爻皆小人、上二陽爻皆君子、小人當仰觀乎上故无咎君子當觀示乎下故无咎○九五爲觀之主陽剛中正以居尊位下之四陰皆其所觀示者也故有觀我生之象大觀在上君子无咎之道也故其象占如此

象曰觀我生觀民也二觀字皆去聲

民即下四陰陰爲民民之象也故姤九四曰遠民以初六陰爻也內卦三陰遠于五草莽之民也六四之陰近于五仕進之民也九五雖與六二正應然初三四與九五皆陰陽相生故曰觀我生觀民

也。即中正以觀天下之民也。

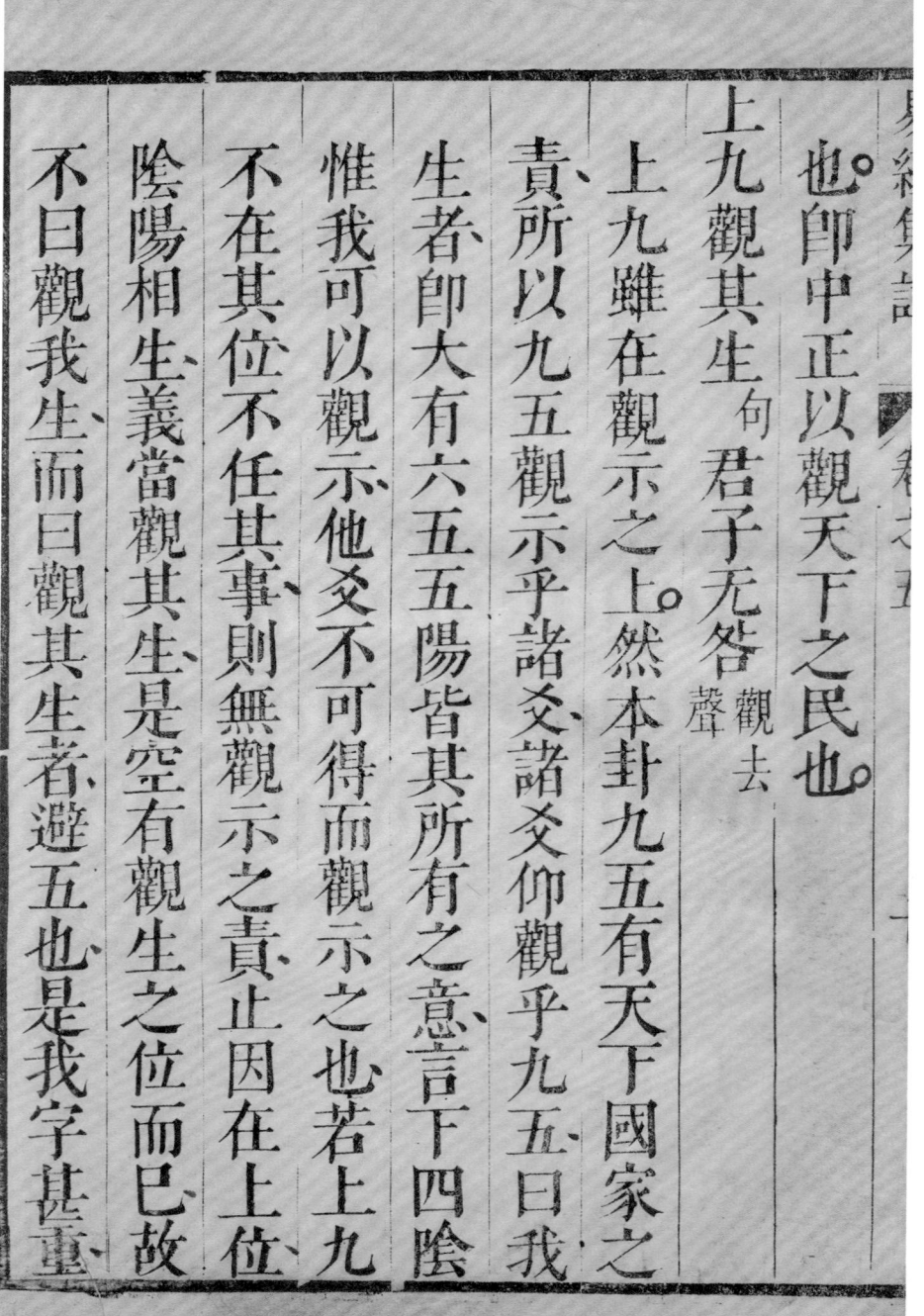

上九觀其生句君子无咎　觀去聲

上九雖在觀示之上。然本卦九五有天下國家之責、所以九五觀示乎諸爻、諸爻仰觀乎九五、曰我生者、即大有六五五五陽皆其所有之意、言下四陰惟我可以觀示他爻不可得而觀示之也若上九不在其位不任其事、則無觀示之責止因在上位、陰陽相生、義當觀其生、是空有觀生之位而已、故不曰觀我生、而曰觀其生者、避五也、是我字甚重、

而其字甚輕也君子无咎者九五與上九皆陽剛在上故並君子之无咎也○上九以陽剛居觀之極故有觀其生之象亦君子之无咎者故其象占如此

象曰觀其生志未平也

志者上九之心志也平者均平也與九五平分相同一般之意言周公爻辭九五觀我生而上九則以其字易我字者何哉以上九之心志不敢與九五同觀其民也故曰志未平也蓋觀示乎民乃人

君之事若上九亦觀示乎民則人臣之權與人君之權相為均平而無二矣豈其理哉故上九陽剛雖與五同不過有觀生之位而已不敢以四陰為我之民與九五平觀示之也

䷔ 震下 離上

噬嗑噬齧也嗑合也頤中有物間之齧而後合也上下兩陽而中虛頤之象也四一陽間于其中頤中有物之象也頤中有物必齧而後合噬嗑之象也序卦嗑者合也可觀而後有所合所以次觀

噬嗑亨利用獄

噬嗑亨。卦自有亨義也。天下之事。所以不得亨者。以其有間也。噬而嗑則物不得而間之。自亨通矣。此繫舉天下之事而言也。利用獄者。噬嗑中之一事也。

彖曰頤中有物曰噬嗑噬嗑而亨剛柔分動而明雷電合而章柔得中而上行雖不當位利用獄也

以卦體卦德二象卦綜釋卦名卦辭。頤中有物。則其物作梗。以人事論如寇盜姦宄治化之梗。蠻夷侵擾疆場之梗。以至君臣父子親戚朋友離貳讒謗間于其中者。皆頤中之梗也。易卦命名立象。各有所取。鼎也。井也。大過之棟也。小過之飛鳥也。遠取諸物者也。艮之背也。頤之頤也。噬嗑頤中之物也。近取諸身者也。剛柔分者。震剛離柔。分居內外。內剛者。齒也。外柔者。輔也。動而明者。震動離明也。雷電合者。卦二象也。蓋動不如雷則不能斷。明不如電則不能察。惟雷電合則雷震電耀。威明相濟。所謂動而明者愈昭彰矣。此已前言噬嗑亨。彖得中而上行者。本卦綜賁。二卦同體。文王綜爲一卦。故雜卦曰。噬嗑食也。賁无色也。言以賁下卦離之柔得中。上行而居于噬嗑之上卦也。蓋不柔則失之暴。柔不中則失之縱。柔得中則寬猛得宜。有哀矜之念。而又不流于姑息。此其所以利用獄也。若依舊註自益卦來。則非柔得中而上行。乃上行而柔得中矣。不當位者。以陰居陽也。○頤中有物名噬嗑矣。而曰亨者何也。蓋凡噬物。噬則頤分。嗑則頤合。今未噬之先。內剛外柔。將噬之際。動而明。正噬之時合而章。先分後合。又何物得以間之。此所以噬嗑而亨也。然以噬嗑之亨。何事不利。而獨利用獄者。蓋六五以柔在上。本不當位。不足以致諸事之利。獨以柔得中。所以利用獄也。

象曰雷電噬嗑先王以明罰勑法

罰者。一時所用之法。法者。平日所定之罰。明者。辨也。辨其輕重。效電之明。勑者。正也。正其國法。效雷之威。明辨其墨劓剕宮大辟。以至流宥鞭朴金贖之數者。正所以振勑法度。使人知所畏避也。勑字

本音賁相承作勑字

初九屨校滅趾无咎 校音教

校足械也屨者以械加于足如納屨于足也中爻坎坎爲桎梏校之象也故上九亦言校趾者足趾也震爲足趾之象也滅者沒也遮沒其趾也變坤不見其震之足滅其趾之象也无咎者因其刑而懲創以爲善也屨校不懲必至荷校滅趾不懲必至滅耳不因其刑而懲創必至上九之惡積罪大矣安得无咎初九上九受刑之人中四爻則用刑

者○九居初無位下民之象也以陽剛而不柔順未有不犯刑者故有屨校滅趾之象趾乃人之所用以行者懲之于初使不得行其惡小人之福也故占者无咎

象曰屨校滅趾不行也

震性動滅其趾則不得動而行以爲惡矣

六二噬膚滅鼻无咎

膚者肉外皮也凡卦中次序相近者言膚剝卦言膚者艮七坤八也睽卦言膚者兌二離三也此卦

言膚者。離三震四也。六爻二言膚者皮也。三言肉者皮中之肉也。四言胏者肉中連骨也。以陽剛也。五陰柔又言肉矣。爻位以次漸深。噬肉以次漸難。祭有膚胏。蓋柔脆而無骨。噬而易嗑者也。中四爻有上下齒噬齧之象。故四爻皆言噬。此爻變兌。兌爲口。噬之象也。二乃治獄之人。居其中。初在下。外爲膚。噬其膚之象也。故雜卦曰、噬嗑食也。正言此四爻之噬也。中爻艮。艮爲鼻。鼻之象也。二變則中爻爲離。不見其艮之鼻。滅其鼻之象也。滅字與滅趾滅耳同例。即朱子語錄所謂噬膚而沒其鼻于器中是也。言噬易嗑而深噬之也。○六二柔順中正。聽斷以理。故其治獄有噬膚滅鼻之易之象。无咎之道也。故其占如此。

象曰噬膚滅鼻乘剛也

剛者初之剛也。人剛則性直。獄內委曲。皆不隱藏。巳易于聽斷矣。六二又以中正乘其剛以聽斷必得其情。故有噬膚滅鼻之易。

六三噬腊肉遇毒小吝无咎 腊音昔

腊肉者即六五之乾肉也。今人以鹽火乾之肉也。離火在前。三變又成離。上火下火。乾其肉之象也。九四六五離有乾象。故二爻皆言乾。而此言腊也。遇者逢也。凡易中言遇者。皆雷與火也。睽九二變震。曰遇主于巷。遇元夫者。亦變震也。豐遇配主。遇夷主。小過大象坎錯離。遇其妣。遇其臣。此雷火故言遇毒。毒者、腊肉之陳久太肥者也。說文云、毒者厚也。五行志云、厚味實腊毒。師古云、腊、久也。味厚者為毒久。文選張景陽七命云、甘腊毒之味是也。

噬腊遇毒者。言噬乾肉而遇陳久太肥厚味之肉也。中爻坎。所以曰毒。故師卦有此毒字。○六三陰柔不中不正。治獄而遇多年陳久煩瑣之事。一時難于斷理。故有噬腊遇毒之象。亦小有吝矣。然時當噬嗑。于義亦无咎。故其占又如此。

象曰遇毒位不當也

以陰居陽。

九四噬乾胏得金矢利艱貞吉　乾音干　胏音滓

胏、乾肉之有骨者。離爲乾音干。乾之象也。六五亦同此象。三四居卦之中。乃獄情之難服者。故皆以堅物象之。金者、剛也。此爻正顧中之物。陽金居二陰之間。金之象也。變坤錯乾。亦金之象也。矢者、直也。中爻坎。矢之象也。蓋九四正居坎之中。坎得乾之中爻爲中男。故此爻有金象有矢象。若六五變爲乾。止有金象無矢象矣。故止曰得黃金。且九四剛而不正。故戒之以剛直。六五柔中。故戒之以剛中。二爻皆曰得者。教人必如此也。艱者、凜凜然惟恐一毫之少忽。以心言也。貞者、兢兢然惟恐一毫之不正以事言也周公此象蓋極精者非周禮鈞金束矢之說也〇四居卦中獄情甚難故有噬乾胏堅物之象四以剛明之才治之宜即吉矣但四溺于二陰之間恐其徇于私而未甚光明故必如金之剛矢之直而又艱難正固則吉矣因九四不中正故教占者占中之象又如此

象曰利艱貞吉未光也

未光即屯九五夬九五之類

六五噬乾肉得黄金貞厲无咎

噬乾肉難于膚而易于乾胏者也。乃所治之獄匪難匪易之象。黃者、中也。金者、剛也。變乾。金之象也。乾錯坤。黃之象也。離得坤之中爻爲中女。則離之中乃坤土也。故曰黃金。貞者、純乎天理之公而無私也。厲者、存乎危懼之心而無忽也。无咎者、刑罰當而民不冤也。○六五居尊用刑于人。人無不服。故有噬乾肉易嗑之象。然恐其柔順而不斷也。故必如黃之中。金之剛。而又貞厲。乃得无咎。因六五柔中。故戒占者占中之象又如此。

象曰貞厲无咎得當也當去聲

言必如此治獄方得當也。

上九何校滅耳凶何音荷

何者負也。謂在頸也。中爻坎爲桎梏。初則曰屨。上則曰負。以人身分上下而言也。滅者遮滅其耳也。坎爲耳痛。滅耳之象也。又離爲戈兵。中爻艮爲手。手持戈兵加于耳之上。亦滅耳之象也。○上九居卦之上。當獄之終。蓋惡極罪大。怙終不悛者也。故有何校滅耳之象。占者如此。凶可知矣。

象曰何校滅耳聰不明也

聰者聞也聽也上九未變離明在上坎耳在下故聽之明今上九既變則不成離明矣所以聽之不明也困卦坎有言不信夫四變坎聞言不信今既聽之不明則不信人言矣坎既心險又不信好言所以犯大罪

☶☲ 離下艮上

賁飾也為卦山下有火山者百物草木之所聚下有火則照見其上品彙皆被光彩賁之象也序卦

嗑者合也。物不可以苟合也。故受之以賁。所以次
噬嗑。

賁亨小利有攸往賁彼為反

小利攸往亦為亨。但亨之不大耳。

彖曰賁亨柔來而文剛故亨分剛上而文柔故小利
有攸往天文也文明以止人文也觀乎天文以察時
變觀乎人文以化成天下

以卦綜卦德釋卦辭而極言之。本卦綜噬嗑。柔來
文剛者。噬嗑上卦之柔。來文賁之剛也。柔指離之

陰卦剛則艮之陽卦也柔來文剛以成離明內而離明則足以照物動罔不臧所以亨分者又分下卦也分剛上而文柔者分噬嗑下卦之剛上而為艮以文柔也剛指震之陽卦柔則離之陰卦也剛上而文柔以成艮止外而艮止則內而能知之外而不能行之僅可小利有攸徃而已不能建大功業也故以其卦綜觀之柔來文剛剛上文柔是即天之文也何也蓋在天成象日月五星之運行不過此一剛一柔一徃一來而已今本卦剛柔交錯

是賁之文。即天之文也。以其卦德觀之。是即人之文也。何也、蓋人之所謂文者。不過文之明也。而燦然有禮。以相接。文之止也。而截然有分。以相守。今本卦內而離明。外而艮止。是賁之文。即人之文也。觀天文以察時變。觀人文以化成天下。賁之文不其大哉。變者四時寒暑代謝之變也。化者變而為新。成者久而成俗。

象曰山下有火賁君子以明庶政无敢折獄

明、離象。无敢、艮象。庶者、衆也。繁庶小事如錢穀出納之類折獄則一輕重出入之間民命之死生所係乃大事也曰无敢者非不折獄也不敢輕折獄也再三詳審而後發之意此卽小利有攸往之理因内明外止其取象如此賁與噬嗑相綜噬嗑利用獄者明因雷而動也賁不敢折獄者明因艮而止也

初九賁其趾舍車而徒 舍音捨

賁其趾者道義以文飾其足趾也舍者棄也徒者徒行也舍車而徒卽賁其趾也言舍車之榮而徒

行。是不以徒行爲辱而自以道義爲榮也。中爻震與坎、震趾之象也。坎、車之象也。變艮止而又止。舍之象也。初比二而應四。比二則從乎坎車矣。應四則從乎震趾矣。然升乎車者必在上方可乘。易中言乘者皆在上也。言承者皆在下也。初在下無乘之理。故有舍坎車而從震趾之象。觀小象乘字可見。○初九。剛德明。體蓋內重外輕。自賁于下而隱者也。故有舍非義之車而安于徒步之象。占者得此當以此自處也。

象曰舍車而徒義弗乘也

初在下無可乘之理。

六二賁其須

在頤曰須。在口曰髭。在頰曰髯。須不能以自動。隨頤而動。則須雖美乃附于頤以爲文者也。本卦綜噬嗑。原有頤象。今變陽則中爻爲兌口矣。口旁之文莫如須。故以須象之。○六二以陰柔居中正。三以陽剛得正。皆無應與。故二。附三。而動。猶須。附頤而。動也。故有賁其須之象。占者附其君子斯無愧

于賁矣○

象曰賁其須與上興也

與者、相從也○興者、興起也○二陰柔從三陽與起者也○

九三賁如濡如永貞吉

如、助語辭○濡、沾濡也○離文自飾賁如之象也○中爻坎水自潤○濡水之象也○永貞者○長永其貞也○九三本貞○教之以永其貞也○吉者、陰終不能陵也○

○九三以一陽居二陰之間○當賁之時○陰來比已○爲之

左右先後。蓋得其賁而潤澤者也。故有賁如濡如之象。然不可溺于所安也。占者能守永貞之戒斯吉矣。

象曰永貞之吉終莫之陵也

陵者侮也。能永其貞。則不陷溺于陰柔之中。有所嚴憚。終莫之陵侮矣。

六四賁如皤如白馬翰如匪寇婚媾皤白波反

皤白也。四變中爻為巽。白之象也。賁如皤如者。言未成其賁而成其皤也。非賁如而又皤如也。中爻震爲馵足。爲的顙。馵白足。顙白顛。白馬之象也。舊註不知象。故言人白則馬亦白。無是理矣。翰如者馬如翰之飛也。中爻坎。坎爲亟心之馬。翰如之象也。寇指三。婚媾指初。○六四與初爲正應。蓋相爲賁者也。乃爲九三所隔而不得遂。故未成其賁而成其皤然。四往求于初之心。如飛翰之疾。不以三之隔而遂已也。使非三之寇。則與初成婚媾而相爲賁矣。是以始雖相隔而終則相親也。即象而占可知矣。與屯六二同。

象曰六四當位疑也匪寇婚媾終无尤也
以陰居陰故當位疑者疑懼其三之親比也六四
守正三不能求故終无過尤
六五賁于丘園束帛戔戔吝終吉戔音殘
艮爲山丘之象也故頤卦指上九爲丘渙卦中爻
艮故六四渙其丘艮爲果蓏又居中爻震木之上
果蓏林木園之象也此丘園指上九上九賁白貧
賤肆志乃山林高蹈之賢蠱乃同體之卦上九不
事王侯隨卦上六錯艮亦曰西山則上九乃山林

之賢無疑矣。兩疋爲束，陰爻兩坼，束之象也。坤爲帛，此坤土帛之象也。戔與殘同，傷也。艮錯兌爲毀折，戔之象也。束帛傷戔，即今人之禮緞也。本卦上體下體皆外陽中虛，有禮緞之象。上戔下戔，故曰戔戔。陰吝嗇，故曰吝。○六五文明以止之主，當賁之時，下無應與，乃上比上九高蹈之賢，故有光賁丘園束帛以聘之象。然賁道將終，文反于質，故又有戔戔之象。以此爲禮，有似于吝，然禮薄意勤，禮賢下士，乃人君可喜之事。占者得此，吉可知矣。

象曰六五之吉有喜也

艮錯兌爲悅。故曰有喜。得上九高賢而文之。豈不喜。

上九白賁无咎

賁文也。白質也。故曰白受采。上九居賁之極。物極則反。有色復于無色。所以有白賁之象。文勝而反于質。无咎之道也。故其象占如此。

象曰白賁无咎上得志也

文勝而反于質。退居山林之地。六五之君以束帛

聘之豈不得志此以人事言者也若以卦綜論之此文原是噬嗑初爻剛上文柔以下居上所以得志

䷖ 坤下艮上

剝者落也九月之卦也五陰在下一陽在上陰盛陽孤勢將剝落而盡剝之義也至高之山附著于地有傾頹之勢剝之象也序卦賁者飾也致飾然後亨則盡矣故受之以剝所以次賁

剝不利有攸往

不利有攸往言不可有所往當儉德避難所以為君子謀也

象曰剝剝也柔變剛也不利有攸往小人長也順而止之觀象也君子尚消息盈虛天行也

以卦體卦德釋卦名卦辭剝者陽剝也所以剝之者陰也五之陰上進而欲變乎上之一陽也以卦體言之小人長也陰邪之聲勢方張也以卦象言之內順外止有順時而止之象人當觀此象也觀小人之時時不可往觀一卦之象象自不往所以

不利有攸往。消息者。盈虛之方始。盈虛者。消息之已成。消息盈虛四字。皆以陽言。復者陽之息。姤者陽之消。乾者陽之盈。坤者陽之虛。此正陽消而將虛之時也。天行者、天道自然之運也。天運之使然。君子亦惟以是爲尚。與天時行而已。既不可往。又豈可往哉。君子二句。又推原不利有攸往之故。

象曰山附於地剝上以厚下安宅

上謂居民之上。一陽在上之象也。厚下者、厚民之生。省刑罰。薄稅斂之類也。宅者、上所居之位。非定舍也。因艮體一陽覆幬于上，有宅舍之象，故以宅言之。所以上九亦以廬言者，以有廬之象也。厚下安宅者，言厚下而不剝下者，正所以自安其宅也。民惟邦本，本固邦寧之意。卦以下剝上取義，乃小人剝君子成剝之義。象以上厚下取義，乃人君厚生民，則治剝之道也。

初六，剝牀以足，蔑貞凶。

剝牀以足者，剝落其牀之足也。變震，足之象也。剝自下起，故以足言之。一陽在上，五陰列下，有宅象盧象牀象。蔑者、滅也。蔑貞者、蔑其正道也。指上九也。方剝足而卽言蔑貞。如履霜而知堅冰至也。○初六陰剝在下。有剝牀以足之象。剝牀以足。猶未見其凶。然其剝足之勢。不至蔑貞而不已。故戒占者如此。此聖人爲君子危。而欲其自防于始也。

象曰剝牀以足以滅下也

以滅下則漸而上矣。見其端甚微。知其必有蔑貞之禍。

六二剝牀以辨蔑貞凶

辨者牀之幹也。不曰幹而曰辨者，謂牀之下足之上分辨處也。蔑貞同初。

象曰剝牀以辨未有與也

與者陽也。凡爻中陽以應陰，陰以應陽，方謂之應與。相比亦然。二本陰爻，有陽爻之應，或有陽爻之比，則有與矣。今比乎二者初也，初陰也；應乎二者五也，五亦陰也。前後左右皆無應與之陽，則上九乃孤陽矣。豈不蔑貞？故初知其蔑貞，而二亦知其必有此凶也。

六三剝之无咎

三雖與上九爲正應。不可言剝。然在剝卦之中。猶不能離乎剝之名。之語助辭。衆陰方剝陽。而三獨與之爲應。是小人中之君子也。去其黨而從正。雖得罪于私黨。而見取于公論。其義無咎矣。占者如此故无咎。剝以近陽者爲善。應陽者次之。近陽者六五是也。故无不利。應陽者此爻是也。故無咎。

象曰剝之无咎失上下也

上下謂四陰。三居四陰之中。不與之同黨而獨與

一陽爲應與是所失者上下之陰而所得者上九之陽也惟其失四小人所以得一君子

六四剝牀以膚凶

初足二辨三牀之上四乃上體居牀之上乃牀上人之膚也剝牀而及其肌膚禍切身矣故不言蔑貞而直曰凶

象曰剝牀以膚切近災也

言禍已及身而不可免也

六五貫魚以宮人寵无不利

此正彖辭所謂順而止之也。魚貫者、魚之貫串而相次以序。五陰列兩旁之象也。本卦大象巽。此爻變巽。巽有魚象。詳見中孚。巽爲繩貫之象也。以者后妃以之也。五君位。爲衆陰之長。故可以以之。魚陰物。宮人衆妾。乃陰之美而受制于陽者。艮錯兌爲少女。宮人之象也。以宮人寵者。統領宮人以次上行進御而獲其寵也。一陽在上。五率其衆陰。本卦原有此象。且內順外止。本卦原有此德。陰順則能從乎陽。艮止則必不剝陽矣。无不利者。陰聽命于陽乃小人聽命于君子也。故无不利。非程傳別設義之說。○六四以剝其膚而凶。至六五陰長陽消之極矣。然本卦順而且止。故陰不剝陽。有貫魚以宮人寵。反聽命于陽之象。此小人之福。而君子之幸也。故占者无不利。

象曰。以宮人寵。終无尤也。

五以陰剝陽。今率其類以聽命于陽。有何過尤。

上九。碩果不食。君子得輿。小人剝廬。

碩果者、碩大之果。陽大陰小。碩之象也。艮爲果。果之象也。不食者。在枝間未食也。諸陽皆消。一陽在上。碩果獨在枝上之象也。此爻未變艮錯兌爲口。猶有可食之象。此爻一變則爲坤而無口矣。不食之象也。果碩大不食。必剝落朽爛矣。故孔子曰剝者爛也。果剝落朽爛于外。其中之核。又復生仁。猶陽無可盡之理。窮上反下。又復生于下下也。輿者物頼之以載。猶地之能載物也。變坤。坤爲大輿。輿之象也。一陽復生于地之下。則萬物皆頼之以生。此得輿之象也。廬者人頼之以覆。猶天之能覆物也。

五陰爲廬。一陽蓋上爲廬之椽瓦。今一陽既剝于上。則國破家亡。人無所覆庇以安其身。此剝廬之象也。上一畫變。此窮上也。故曰剝。剝則陰矣。故曰小人。下一畫新生。此反下也。故曰得。得則陽矣。故曰君子。蓋陽剝于上。則必生于下。生之既終。則必剝于上。未剝之先。陽一畫在上。故其象似廬。既剝之後。陽生于下。則上一畫又在下矣。故其象似輿。○諸陽消剝已盡。獨上九一爻。故有碩果不食之象。今上九一爻既變則純陰矣。然陽無可盡之理。

既剝于上必生于下故生于下者有君子得輿而爲民所載之象剝于上者有小人剝廬終無所用之象占者得此君子小人當自審矣

象曰君子得輿民所載也小人剝廬終不可用也

民所載者民賴之以承載也廬所賴以安身者也今既剝矣終何用哉必不能安其身矣國破家亡小人無獨存之理載字從輿字上來不可用從剝字上來

䷗ 震下坤上

復者。來復也。自五月一陰生後陽一向在外。至十月變坤。今冬至復來反還于內。所以名復也。序卦物不可以終盡。剝窮上反下。故受之以復。所以次剝。

復亨出入无疾朋來无咎反復其道七日來復利有攸往

先言出而後言入者。程子言語順是也。出者、剛長也。入者、剛反也。疾者、遽迫也。言出而剛長之時。自一陽至五。陽以漸而長。是出之時未常遽迫也。入而剛反之時。五月一陰生。九月之剝。猶有一陽。至十月陽變。十一月陽反。以漸而反。是入之時未常遽迫也。朋者。陰牵連于前。朋之象也。故豫卦、損卦、益卦、泰卦、咸卦、皆因中爻三陽三陰牵連皆得稱朋也。自外而之内曰來。言陰自六爻之二爻雖成朋黨。而來然當陽復之時。陽氣上行。以漸而長。亦無咎病也。復之得亨者。以此道。猶言路。言剛反而復之道路也。七日來復者。自姤而遯否觀剝坤復凡七也。即七日得之意。蓋陽極于六。陰極于六。極則反矣故七日來復也无疾咎者復之亨也七日來復復之期也利有攸往復之占也大抵姤復之理五月一陰生爲姤一陰生于內則陽氣浮而在外矣至于十月坤陰氣雖盛而陽氣未常息也但在外耳譬之妻雖爲主而夫未常亡故十一月一陽生曰剛反反者言反而歸之于內也十一月一陽生而復一陽生于內則陰氣浮而在外矣至于四月乾陽氣雖盛而陰氣未常息也但在外耳譬之夫雖爲主而妻未常亡故五月一陰復生天地

雖分陰陽。止是一氣。不過一內一外而已。一內一外。一升一沉。一盛一衰。一代一謝也。消息盈虛循環無端。所以言剝言復。

彖曰。復亨。剛反動而以順行。是以出入无疾。朋來无咎。反復其道。七日來復。天行也。利有攸往。剛長也。復其見天地之心乎

以卦德卦體釋卦辭而贊之。剛反對剛長。反者。言剝之剛窮上反下而爲復也。長者。言復之剛自下進上。歷臨泰而至于乾也。以其既去而來反也。故

亨以其既反而長也故利有攸往剛反言方復之初剛長言已復之後行亦動也言下體雖震動然上體乃坤順以順而動所以出入往來无疾无咎天行者陰陽消息天運之自然也故反復其道七日來復陽剛用事君子道長所以利有攸往見天地之心者天地無心生之不息者乃其心也剝落之時天地之心幾于滅息矣今一陽來復可見天地生物之心無一息之間斷也一陽之復在人心則惻隱羞惡辭讓是非性善之端也故六爻以復

善爲義。此孔子賛辭。言天地間無物可見天地之心。惟此一陽初復。萬物未生。見天地之心。若是三陽發生萬物之後。則天地之心盡散在萬物。不能見矣。天地之心動後方見。聖人之心應事接物方見。

象曰雷在地中復先王以至日閉關商旅不行后不省方

先王者古之先王。后者。今之時王。一陽初復。萬物將發生之時。當上下安靜以養微陽。商旅不行者。

下之安靜也。后不省方者。上之安靜也。人身亦然。月令齋戒掩身是也。以卦體論。陰爻貫魚。商旅之象。陽爻橫亘于下。閉關之象。陽不居五而居初。潛居深宮。不省方之象。以卦象論。震爲大塗中開大路。旅之象。坤爲衆商旅之象。震綜艮。艮止不行之象。闔户爲坤。閉關之象。坤爲方。方之象。

初九。不遠復。无祇悔。元吉。

不遠者。失之不遠也。祇者。適所以之辭。適者。往也。至也。人有過失。必至徵色發聲而後悔悟。此則困

心衡慮者也○惟自此心而失之○又自此心而知之○自此心而知之○又自此心而改之○此則不遠卽復不至于悔者也○

○初九一陽初生于下○復之主也○居于事初○其失不遠○故有不遠能復于善○無至于悔之象○大善而吉之道也○故其占如此○

象曰不遠之復以修身也

爲學之道無他○惟知不善則速改以從善而已○復則人欲去而天理遠修身之要○何以加此○

六二休復吉

休者休而有容也。人之有善若己有之者也。以其才位皆柔。又變悅體。所以能下其初之賢而復。○六二柔順中正。近于初九。見九之復而能下之。故有休復之象。吉之道也。故其占如此。

象曰休復之吉以下仁也

復初爻本碩果不食。窮上反下。其核又生仁。所以取此仁字。復禮爲仁。初陽復。即復于仁也。故曰以下仁。

六三頻復厲无咎

頻者數也。三居兩卦之間。一復既盡。一復又來。有頻之象。與頻巽同。頻復者。頻失而頻復也。厲者。人心之危也。无咎者。能改過也。不遠之復者。顏子也。頻復則日月一至諸子也。○六三以陰居陽。不中不正。又處動極。復之不固。故有頻失頻復之象。然當復之時。既失而能知其復。較之迷復者遠矣。故當頻失之時。雖不免危厲。而至于復則无咎也。故其占如此。

象曰。頻復之厲。義无咎也

頻復而又頻失雖不免于厲然能改過是能補過矣揆之于義故无咎

六四中行獨復

中行者在中行也五陰而四居其中中之象也凡卦三四皆可言中益卦三四皆言中行是也此爻變震應爻亦震震爲足行之象也獨復者不從其類而從陽也故孔子以從道象之〇六四中而得正在羣陰之中而獨能下應于陽剛故有中行獨復之象曰獨復則與休者等矣蓋二比而四應也

象曰中行獨復以從道也

初之象曰以修身也。二曰仁。四曰道。修身以道。修道以仁。仁與道皆修身之事。二比而近故曰仁。四應而遠故曰道。小象之精極矣。

六五敦復无悔

敦者厚也。有一毫人欲之雜。非復。有一毫人欲之間非復。敦復者。信道之篤。執德之堅。不以久暫而或變者也。不遠復者。善心之萌。敦復者。善行之固。无悔者。反身而誠也。敦臨敦復皆因坤土。○六五

以中德居尊位當復之時故有敦厚其復之象如是則心與理一無可悔之事矣故占者无悔

象曰敦復无悔中以自考也

考者成也言有中德自我而成其敦復也不由于人之意初乃復之主二以下仁而成休復四以從道而成獨復皆有資于初以成其復惟五以中德而自成不資于初故曰自无祇悔者入德之事无悔者成德之事故曰考

上六迷復凶有災眚用行師終有大敗以其國君凶

至于十年不克征

坤爲迷。迷之象也。迷復者。迷其復而不知復也。坤
本先迷。今居其極。則迷之甚矣。以者、與也。並及之
意。因師敗而並及其君。有傾危之憂也。坤爲衆。師
之象也。變艮大象離。離爲戈兵。衆入以戈兵而震
動。行師之象也。國者。坤之象也。詳見謙卦。十者、土
數成于十也。不克征者。不能雪其恥也。災眚者。凶
也。用師以下則災眚之甚。又凶之大者也。復卦何
以言行師。以其敵陽也。剝復相綜。陽初復。陰極盛。

正龍戰于野之時曰終有大敗者陽上進知其終之時必至于夬之无號也○上六陰柔居復之終故有迷復之象占者得此凶可知矣是以天災人眚雜然並至天下之事無一可爲者若行師則喪師辱君至于十年之久猶不能雪其恥其凶如此

象曰迷復之凶反君道也

反君道者反其五之君道也六五有中德敦復无悔六居坤土之極又無中順之德所以反君道而凶

梁山來知德先生易經集註卷之六

平山後學崔華重訂　男綠山代山蕌山齊同校

☰☳ 震下乾上

无妄者至誠無虛妄也史記作無所期望蓋惟本无妄所以凡事盡其在我而于吉凶禍福皆委之自然未常有所期望所以无妄也以天道言實理之自然也以聖人言實心之自然也故有正不正之分蓋震者動也動以天爲无妄動以人則妄矣

序卦復則不妄故受之以无妄所以次復

无妄元亨利貞其匪正有眚不利有攸往

惟其无妄。所以不期望。若處心未免于妄。而匪正。則無道以致福。而妄欲儌福。非所謂无妄之福。有過以召災。而妄欲見災。非所謂无妄之災。此皆未免容心于禍福之間。非所謂无妄也。豈不有眚。若真實无妄之人。則純乎正理。禍福一付之天。而無苟得幸免之心也。

彖曰无妄剛自外來而爲主於内動而健剛中而應大亨以正天之命也其匪正有眚不利有攸往无妄

之往何之矣天命不祐行矣哉

本卦綜大畜。二卦同體。文王綜爲一卦。故雜卦曰大畜時也。无妄災也。剛自外來者。大畜上卦之艮。來居无妄之下卦。而爲震也。剛自外來。作主于內。又性震動。又自外來。則動以人。不動以天。非至誠无虛妄矣。所以有人之眚。而不利有攸往也。內動而外健。故大亨。剛中而應。故正。天命者。至誠乃天命之實理。反身而誠者也。若自外來。豈得爲天命。

○以卦綜卦德卦體釋卦辭。言文王卦辭元亨利貞之外。而又言其匪正有眚。不利有攸往者。以剛自外來而爲主于内也。若本卦動而健。以剛中而應柔中。則大亨以正矣。大亨以正。實天之命也。天命實理。無一毫人欲之私。此文王卦辭所以言元亨也。若以外來者爲主。則有人欲之私。非反身而誠。天命之實理。即匪正矣。欲往也。將何之哉。是以天命不祐。有眚而不利也。此所以文王卦辭言元亨而又利貞也。若舊註以剛自外來爲自訟來。則非自外來。乃自内來矣。

象曰天下雷行物與无妄先王以茂對時育萬物

茂者盛也物物皆對時而育之所育者極其盛大非止一物也即如雷地豫之殷也對時者因雷發生萬物對其所育之時也如孟春犧牲毋用牝之類是也天下雷行震動發生一物各具一太極是物物而與之无妄者天道之自然也茂對時育物撙節愛養輔相裁成使物物各遂其无妄之性者聖人之當然也

初九无妄往吉

爻與彖辭不同者。爻以一爻之定體而言。彖以全體相綜大畜而言。○九以陽剛之德。居无妄之初。有所動。所謂動以天也。且應爻亦剛。無係戀之私。是一感一應。純乎其誠矣。何吉如之。故占者往則吉。

象曰无妄之往得志也

誠能動物。何往而不遂其心志。

六二不耕穫不菑畬則利有攸往

耕者、春耕也。穫者、秋斂也。菑者、田之一歲墾而方成者畬者田之三歲墾而已熟者。農家始而耕。終而穫。始而菑。終而畬。不耕穫者。不方耕而即望其穫也。不菑畬者。不方菑而即望成其畬也。耕也菑也。即明其道也。穫也畬也。即功也。曰不耕穫。不菑畬。即明其道不計其功也。觀小象未富可見矣。若程傳不首造其事。本義无所爲於前。無所冀於後。將道理通講空了。乃禪學也。吾儒聖人之學。進德修業。盡其理之當然。窮通得喪。聽其天之自然。脩身俟命。此正所謂无妄也。豈一點道理不進。空空寂寂謂之无妄哉。初爲地位。二爲田。故九二曰見龍在田。震居東。二三皆陰土。水臨土上。春耕之象也。震爲禾稼。中爻艮爲手。耒在手。穫之象也。中爻巽。下卦震。上入下動。菑畬之象也。故禾耨取諸益。

○六二柔順中正。當无妄之時。無私意期望之心。故有不耕穫不菑畬之象。言雖爲于前。無所望于後。占者必如此。則利有攸往矣。

象曰不耕穫未富也

言未有富之心也。此富字雖曰未有此心。然亦本于象。蓋巽爲市利。小畜上體乃巽。小象曰不獨富也。此卦中爻巽。曰未富者。未入巽之位也。

六三无妄之災或繫之牛行人之得邑人之災

本卦大象離。此爻又變離。離爲牛。牛之象也。中爻巽爲繩。又艮爲鼻。繩繫牛鼻之象也。震爲足。行之象也。三爲人位。人在震之大塗。行人之象也。三居坤上得稱邑。又居人位。邑人之象也。此爻居震動之極。牛失之象也。又變離錯坎。坎爲盜。亦牛失之象也。或者、設或也。即假如二字。假牛以明无妄之災。乃六三也。卽邑人也。○六。三。陰。柔。不。正。故。有。此。象。言或繫牛于此。乃邑人之牛也。牛有所繫。本不期望其走失。偶脱所繫而爲行人所得。邑人有失牛之災。亦適然不幸耳。非自已有以致之。故爲无妄之災。卽象而占可知矣。

象曰行人得牛邑人災也

行人得牛而去。邑人不期望其失牛而失牛。故爲无妄之災。

九四可貞无咎

可者當也。九陽剛健體。其才亦可以有爲者。但下無應與。無所係戀而無妄者也。占者得此。但可守此无妄之正道。即無咎矣。若妄動又不免有咎也。

象曰可貞无咎固有之也

固有者。本有也。無應與則無係戀而无妄。則无妄乃九四之本有也。

九五无妄之疾勿藥有喜

五變則中爻成坎。坎爲心病。疾之象也。中爻巽木。艮石。藥之象也。中爻巽綜兌。悅喜之象也。意外之變。雖聖人亦不能無。但聖人廓然太公。物來順應。來則照而去不留。無意必固我之私。是以意外之來。猶无妄之疾耳。如舜之有苗。周公之流言。皆无妄之疾也。誕敷文教而有苗格。公孫碩膚德音不瑕。大舜周公之疾。不藥而自愈矣。○九五陽剛中正以居尊位。而下應亦中正。无妄之至也。如是而猶有疾。乃无妄之疾。不當得而得者。故勿藥自愈。其象占如此。

象曰。无妄之藥。不可試也。

……則當止。則无妄。无……初。當行……有吉。无……止者也。故……即

試者少嘗之也。无妄之疾勿藥者。以无妄之藥不可嘗也。若嘗而攻治。則反爲妄而生疾矣。故不可輕試其藥。止可聽其自愈。

上九。无妄行。有眚。无攸利。

下應震足。行之象也。九非有妄。但時位窮極。不可行耳。故其象占如此。

象曰。无妄之行。窮之災也。

无妄未有不可行者。以時。位耳。與亢。龍同。故二小象亦同。

䷙ 乾下艮上

大者陽也。其卦乾下艮上。以陽畜陽。所畜之力大。非如巽以陰畜陽。所畜之力小。故曰大畜。又有蘊畜之義。又有畜止之義。序卦有无妄然後可畜。故受之以大畜。所以次无妄。

大畜利貞不家食吉利涉大川

中爻兌口在外。四近于五之君。當食祿于朝。不家食之象也。何以言食。本卦大象離。故彖辭曰輝光日新者。因大象離也。離錯坎。又象頤。有飲食自養之象因錯坎水中爻震木所以有涉大川之象又本卦錯萃萃大象坎若以卦體論四五中空有舟象乾健應四五上進有舟行而前之象應乎天者以卦德論其理也彖辭爻辭皆各取義不同貞者正也利于正道如多識前言往行以畜其德是也吉者吾道之大行也言所蘊畜者皆正則畜極而通當食祿于朝大有作為以濟天下之險也

彖曰大畜剛健篤實輝光日新其德剛上而尚賢能止健大正也不家食吉養賢也利涉大川應乎天也

以卦德卦綜卦體釋卦名卦辭。剛健者。內而存主也。篤實者。外而踐履也。剛健無一毫人欲之陰私。篤實無一毫人欲之虛假。則闇然日章。光輝宣著。其德自日新又新。所以積小高大。以成其畜也。名大畜者。以此剛健乾象。篤實艮象。二體相合離象。故又言輝光日新。剛上者。大畜綜无妄。无妄下卦之震。上而為大畜之艮也。上而為艮。則陽剛之賢在上矣。是尚其賢也。止健者。止居上而健居下。禁民之強暴也。此二者皆大正之事。所以利貞。若以止健爲止陽剛君子。則又非大正矣。養賢者食祿以養賢也。應天者下應乎乾也。天者時而已矣。旣負蘊畜之才。又有乾健之力。所以當乘時而出。以濟天下之險難也。惟剛上則賢人在上。故能尚賢。故能成艮而止健。故能兌口在外卦。而食祿于外。故能六五得中而應乎乾。此四者皆卦綜剛上之功也。

象曰天在山中大畜君子以多識前言往行以畜其德

天者一氣而已氣貫乎地中天依乎地地附乎天雲雷皆自地出故凡地下空處深處皆是天故曰天在山中多識即大畜之意乃知之功夫也古聖賢之嘉言善行皆理之所在皆古人之德也君子多識之考跡以觀其用察言以求其心則萬理會通于我而我之德大矣此君子體大畜之功也中爻震足行之象兌口言之象

初九有厲利已已夷止反

乾三陽為艮所畜故內外之卦各具其義內卦受

畜。以自止爲義。以陰陽論。若君子之受畜于小人也。外卦能畜。以止人爲義。以上下論。若在位之禁止强暴也。易主于變易。所以取義不窮。已者止也。厲者不相援而反相擠排。危厲之道也。○初九陽剛乾體。志于必進。然當大畜之時。爲六四所畜止。而不得自伸。故往則有危。惟止則不取禍矣。故教占者必利于止也。

象曰有厲利已不犯災也

災卽厲也。止而不行。則不犯災矣。

九二輿說輹說音脫輹音服

乾錯坤爲輿輿之象也。中爻兌爲毀折，脫輹之象也。輿賴輹以行，脫則止而不行矣。○九二亦爲六五所畜，以有中德，能自止而不進，故有輿說輹之象。占者凡事不冐進，斯無尤。

象曰：輿說輹，中无尤也。

惟有中德，故無妄進之尤。

九三良馬逐利艱貞曰閑輿衛利有攸往

此爻取蘊畜之義。乾爲良馬，良馬之象也。中爻震爲作足之馬。乾馬在後追逐震馬之象也。兩馬因震動而追逐。遇艮止不得馳上。利艱貞之象也。中爻兌口乾爲言、曰之象也。乾錯坤、輿之象也。陰爻兩列在前。衛之象也。考工記車有六等戈也人也殳也戟也、矛也軫也。皆衛名、艮馬逐者。用功如艮馬追逐之速也。卽九三終日乾乾夕惕若之意。艱者艱難其思慮。恐其失于太易也。貞者貞固其作爲。恐其失于助長也。曰者自嘆之辭。閑者習也。習其車輿與其防衛也。閑習有優游自得之意。曰閑輿衛者自嘆其當閑輿衛也言當此大畜之時為人所畜止摧抑果何所事哉亦惟自閑輿衛以求往乎天衢耳輿者任重之物衛者應變之物以人事論君子不當家食以一身而任天下之重者輿也當涉大川以一身而應天下之變者衛也必多識前言往行之理畜其剛健篤實之德以德為車以樂為御忠信以為甲冑仁義以為干櫓涵養于未用之時以待時而動此閑輿衛之意也閑輿衛又利艱貞之象也舊註以不相畜而俱進殊不知

卦名大畜。下體非自止則蘊畜也。無進之意。蓋觀童牛之牿。則知當有厲利已矣。觀豶豕之牙。則知當輿說輹矣。觀何天之衢。則知用功當良馬逐矣。所以小象言上合志。所以當取蘊畜之義。惟蘊畜方能畜極而通。何天之衢。○九三以陽居健極。當大畜之時。正多識前言往行。用功不已之時也。故有良馬追逐之象。然猶恐其過剛銳進。惟當艱貞從容以待時。故又有曰閑輿衛之象。如是自然畜極而通。利有攸往矣。故教戒占者必當如此。

象曰利有攸往上合志也

上合志者。謂上九之志與之相合也。三與上九情雖不相孚。然皆居二體之上。其志皆欲畜極而通。應與之志相合。所以利有攸往。

六四童牛之牿元吉

童者、未角之稱。牿者、施橫木于牛角以防其觸。即詩所謂楅衡者也。此爻變離。離爲牛。牛之象也。艮本少。又應初。童牛之象也。變離錯坎。牿之象也。手中爻震木。手持木而施之角。亦牿之象也。○六四艮體居上當畜乾之時與初相應畜初者也初以陽剛居卦之下其勢甚微于此止之爲力甚易故有牿童牛之象占者如此則止惡于未形用力少而成功多大善而吉之道也故元吉

象曰六四元吉有喜也

上不勞于禁制下不傷于刑誅故可喜四正當兑口之悅喜之象也

六五豶豕之牙吉豶音焚

本卦大象離離錯坎豕之象也五變中爻又成離

矣○豶者，犗也○騰也○乃走豕也○與童牛之梏一句同例○童字與豶字同，梏字與牙字同○中爻震足○性動豶之象也○牙者，埤雅云：以杙繫豕也○乃杙牙，非齒牙也○杜詩：鳬雛入槳牙。坡詩：置酒看君中戟牙。荆公：槎牙死樹鳴老烏。阿房賦：簷牙高啄。又將軍之旗曰牙，立于帳前，謂之牙帳。考工記：輪人牙也者，所以爲固抱也。所以蜀人呼棹牙、橈牙、床牙，則牙字乃古今通用，非齒牙也。詩：椓之丁丁。丁丁，杙聲也。以木入土，所以有聲也。今船家繫纜椿謂之㯿亦曰杙牙者椿上杈牙也蓋以絲繫矢曰弋故從弋所以繩繫木曰杙變巽爲繩繫之象也巽木杙之象也言以繩繫豕于杙牙也舊註因宫刑或曰牿刑遂以爲去其勢但天下無嚙人之豕所以此豶字止有騰字意無牿字意牛馬豕皆人之所畜者故大畜並言之○六五以柔中居尊位當畜乾之時畜乎其二者也故有豶豕之牙之象占者如此則强暴梗化者自屈服矣故吉

象曰六五之吉有慶也

慶即喜。但五君位。所畜者大。故曰慶。即一人有慶也。

上九何天之衢亨

此畜極而通之義。何胡可切、音荷、儋也。負也。儋即擔字。楊子儋石是也。詩何蓑何笠皆音荷。靈光賦荷天衢以元亨。莊子背負青天。皆此意。鄭康成亦言肩荷是也。上陽一畫象擔。二陰垂韠于兩邊。有擔挑之象。言一擔挑起天衢也。即陳白沙所謂明月清風作兩頭。一挑挑到魯尼丘也。因卦體取此象無此實事。金車玉鉉之類是也。上爲天位。天之象也。四達謂之衢。艮綜震爲大塗。衢之象也。以人事論。天衢乃朝廷政事之大道也。觀小象曰道大行可知矣。〇畜之既久。其道大行。正不家食擔負廟廊之重任。涉大川擔當國家之險阻。此其時矣。故有何天衢之象。占者得此。亨可知矣。

象曰何天之衢道大行也

道大行者。不家食。涉大川。無往而莫非亨也。道字即衢字。

䷚ 震下艮上

頤。口旁也。口食物以自養。故取養義爲卦。上下二陽。内含四陰。外實内虛。上止下動。故名爲頤。序卦物畜然後可養。故受之以頤。所以次大畜。

頤貞吉觀頤自求口實

本卦大象離。目觀之象也。陽實陰虛。實者養人。虛者求人之養。自求口實者。自求養于陽之實也。震不求艮。艮不求震。惟自求同體之陽。故曰自求。爻辭見之。

彖曰頤貞吉養正則吉也觀頤觀其所養也自求口實觀其自養也天地養萬物聖人養賢以及萬民頤之時大矣哉

釋卦辭極言養道而贊之。觀其所養者。觀其所以養人之道正不正也。指上下二陽也。觀其自養者。觀其求口實以自養之正不正也。指中間四陰也。本卦頤原從口。無養德之意。惟頤養得正。則養德即在其中矣。不但養人自養。以至天地聖人養萬物養萬民。無非養之所在。故曰頤之時大矣哉。與大過解革同。

象曰山下有雷頤君子以慎言語節飲食

帝出乎震萬物得養而生。成言乎艮。萬物得養而成。君子慎言語以養其德。節飲食以養其體。言語飲食動之象。慎也節也止之象。此處方說出養德

初九舍爾靈龜觀我朶頤凶 舍音捨

大象離。龜之象也。應爻艮止中空。靈龜止而不食服氣空腹之象也。朶者垂朶也。震反生。朶之象也。垂下其頤以垂涎。乃欲食之貌也。爾者四也。我者

初也。靈龜以靜止爲養。朵頤以震動爲養。故爾四而我初。大象離目。又觀之象也。○初九陽剛。乃養人者也。但其位卑下。不能養人及民。又乃動體。當頤養之初。正上止下動之時。惟知有口體之欲。舍六四而不養。故有舍爾靈龜。觀我朵頤之象。飲食人賤。凶之道也。故其占如此。

象曰觀我朵頤亦不足貴也

飲食之人則人賤之。故不足貴。

六二顛頤拂經于丘頤征凶

顛者頂也。指外卦也。拂者除也。去也。違悖之意。諸爻皆求養于同體之陽。不從應與。故有顛拂之象。顛頤者。求養于上也。拂經者。違悖養于同體之常經也。山阜曰丘。土之高者。艮之象也。于丘頤者。求養于外。即顛頤也。凶者。求食于權門。必見拒而取羞也。○六二陰柔不能自養。必待養于陽剛。然震性妄動。不求養于初。而求養于外。則違養道之常理而行失其類矣。故教占者當求養于初。若于丘頤。不惟不得其養。而往則凶也。故其象占如此。

象曰六二征凶行失類也
養道各從其類。二三養于初。四五養于上。今二顛
頤往失其類矣。故曰失類。曰行者。震足之象也。
六三拂頤貞凶十年勿用无攸利
拂頤者。違拂所養之道。不求養于初。而求養于上
之正應也。貞者。正也。上乃正應。亦非不正也。十年
者。中爻坤土之成數也。勿用者。不得用其養也。口
容止。所以下三爻養于動者。皆凶。上三爻養于止
者。皆吉。○六三陰柔不中正。本乃動體。至三則動

曰。頤貞象曰。坤中惟此。義相反悖也。

極而妄動矣故有拂頤之象占者得此雖正亦凶至于十年之久理極數窮亦不可往其凶至此

象曰十年勿用道大悖也

震爲大塗道之象也大悖即拂頤

六四顛頤吉虎視眈眈其欲逐逐无咎眈都含切

顛者頂也與六二同顛頤者求養于上也吉者得養道之常經也艮爲虎虎之象也天下之物自養于內者莫如龜求養于外者莫如虎龜自養于內內卦初舍之故凶虎求養于外外卦上施之故吉

爻辭之精至此眈者視近而志遠也變離目視之象也應爻初爲地位虎行垂首下視于地視近也而心志乃求養于天位之上志遠也故以眈字言之視下卦眈也志上卦眈也故曰眈眈陰者人欲之象也下卦二陰欲也上卦二陰欲也人欲重疊追逐而來故曰逐逐眈者四求養于上也逐者上施養于四也○六四當頤養之時求養于上故有顚頤之象吉之道也故占者吉然四求養于上上施養于四四得所養矣故又有視眈欲逐之象以

求養而得逐逐之欲。似有過咎矣。然養得其正。故占者不惟吉而又无咎也。

象曰顛頤之吉上施光也施去聲

施者及也。布散惠與之義。詳見乾卦雲行雨施。言上養及于四也。光者、艮篤實光輝。其道光明也。變離日。亦光之象也。

六五拂經居貞吉不可涉大川

拂經者。五與內卦爲正應。亦如二之求養于上。違悖養于同體之常道也。故二五皆言拂經。居者、靜以守之也。貞者、求養于同體之陽。乃任賢養民之正道也。吉者、恩不自出。而又能養人也。不可涉大川者。言不可自用以濟人也。涉川必乾剛。五柔故不可涉。○六五居尊。能自養人者也。但陰柔不正。無養人之才。又與內卦爲正應。故亦有拂經之象。然養賢及民。君道之正。故教占者順以從上。守此正道則吉。不可不量巳之力。而當濟人之任也。

象曰居貞之吉順以從上也

中爻坤順。故曰順。言順從上而養人也。

上九由頤厲吉利涉大川

由者從也。九以陽剛居上位。是天下之養。皆從上九以養之也。厲者上而知君賴我以養也。則恐專權僭逼。而此心無一事之或忽。下而知民由我以養也。則常握髮吐哺。而此心無一時之或寧。此上九之所謂厲也。故戒之以厲。而後許之以吉也。凡易言涉大川。取乾者。以卦德也。以乾天下至健。德行恒易以知險也。需同人大畜是也。取水木者。以卦體也。渙蠱未濟謙或取中爻。或取卦變是也。取中虛者。以卦象也。益中孚頤是也。五不可涉大川。上九利涉大川。方見五賴上九以養人。○上九以陽剛之德居尊位。六五賴其賢以養人。故有由頤之象。然位高任重。必厲而後吉。即天下有險阻亦可以濟之。而不失其養也。其占又如此。

象曰由頤厲吉大有慶也

得所養。下之慶。亦君上之慶。故大。

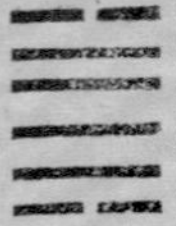
巽下兌上

大過。大者陽也。陽過于陰也。乾坤也。坎離也。山雷也。澤風也。此八卦也。乾與坤錯。坎與離錯。澤風與山雷相錯。風澤與雷山相錯。六十四卦。惟此八卦相錯。其餘皆相綜。澤本潤木之物。今乃滅沒其木。是大過矣。又四陽居中過盛。此所以名大過也。不然四陽之卦亦多。何以不名過。因其居中相聚而盛。所以得名也。序卦頤者養也。不養則不可動。故受之以大過。所以次頤。

大過棟橈利有攸往亨 橈乃教反

梁上屋脊之木曰棟。所以乘椽瓦者也。木曲曰橈。

文利有曰亨。利曰利有攸往。明亨因曰。利有攸往。乃亨。也

本末弱而棟不正有如水之曲也。椽垂彎以漸而下曰宇。此卦大象坎。坎爲棟。坎主險陷。橈之象也。又爲矯輮。亦橈曲之象也。若以理論本弱則無所承。末弱則無所寄。附。此卦上缺下短。亦有橈之象。既棟橈矣。而又利有攸往何也。蓋橈。以成卦之象。言。利有攸往亨。則以卦。體卦。德。之占言。

彖曰大過大者過也棟橈本末弱也剛過而中巽而說行利有攸往乃亨大過之時大矣哉 說音悅

以卦體卦德釋卦名卦辭。而嘆其大。陽大陰小。本

卦大者過。故名大過。本謂初。末謂上。弱者陰柔也。古人作字本末皆從木。木下加一畫。陽。取根株回煖。故爲本。木上加一畫。陽。取枝葉向榮。故爲末。剛過者、四陽也。而中者、二五也。雖三四亦可言中。故復卦四曰中行。益卦三四皆曰中行也。巽而悅行者。內巽而外行之以悅也。若以人事論、體質本是剛毅。足以奮發有爲。而又用之以中。不過于剛。德性本是巽順。足以深入乎義理。而又行之以和。不拂乎人情。所以利有攸往乃亨。大過之時者。言人于大過之時行大過之事適其時當其事也如堯舜禪受湯武放伐雖過其事而不過乎理是也蓋無其時不可過有其時無其才亦不可過故嘆其大與頤解革同

象曰澤滅木大過君子以獨立不懼遯世无悶

上一句大過之象下二句大過之行非達則不懼窮則无悶也窮亦有獨立不懼之時不懼者不求同俗而求同理天下非之而不顧也无悶者不求人知而求天知舉世不見知而不悔也此必有大

過人學問義理見得明有大過人操守脚根立得定方幹得此事

初六藉用白茅无咎

藉者薦也承薦其物也因上承四剛故曰藉茅者草也巽陰木為茅故泰卦變巽曰茅否卦大象巽亦曰茅巽為白白茅之象也无咎者敬慎不敗也

○初六當大過之時陰柔已能慎矣又居巽體之下則慎而又慎者也亦如物不錯諸地而有所藉可謂慎矣而又藉之以茅茅又用夫白白則至潔

之物矣。是慎之大過者也。故有此象。然慎雖大過

以其居大過之初。雖大過而不過。故占者无咎。

象曰藉用白茅柔在下也

陰柔居巽之下。

九二枯楊生稊老夫得其女妻无不利

巽爲楊。楊之象也。木生于澤下者楊獨多。故取此

象。楊乃木之弱者。四陽之剛皆同爲木。但二五近

本末之弱。故以楊言。曰枯者、取大過乎時之義。故

二五皆言枯也。至三四則成乾之堅剛。故言棟。稊

木稚也。二得陰在下。故言生稊。稊者、下之根生也。
五得陰在上。故言生華。生華者、上之枝生也。根生
則生生不息。枝生則無生意矣。下卦巽。錯震。長男
也。老夫之象。故稱老夫。老夫者、再娶女之夫也。應
爻兌。兌乃少女也。女妻之象。故稱女妻。女妻者、未
嫁而幼者也。九五兌。錯艮。少男也。士夫之象。故稱
士夫。士夫乃未娶者。應爻巽。爲長女。老婦之象也。
故稱老婦。老婦者、巳嫁而老者也。周公爻辭其精
至此。舊註不知象。以二五皆比于陰。殊不知九二

下卦反稱老夫。九五上卦反稱士夫。近初者言老。近上者言少。說不通矣。○九二陽剛得中。當大過之時。而應于少女。故取諸物有枯楊生稊。取諸身有老夫得其女妻之象。可以成生育之功矣。故占者無不利。

象曰老夫女妻過以相與也

此慶幸之辭。言陽方大過之始。得少陰以之相與。則剛柔相濟。過而不過。可以成生育之功矣。故占者无不利。

九三棟橈凶

變坎爲棟。又木堅多心。棟之象也。因坎三四皆以棟言。因巽二五皆以楊言。文王棟橈本末皆弱。周公棟橈因初之弱。○九三。居內卦下。陰虛弱。下虛弱則上不正。故有棟橈之象。占者之凶可知矣。

象曰棟橈之凶不可以有輔也

同體之初。虛弱無輔助也。

九四棟隆吉有它吝

變坎亦有棟象。隆者、隆然而高起也。它者、初也。三四皆棟。四居外卦。陰虛在上。非如三之陰虛在下也。上虛下實。則有所承載。故有棟隆之象。占者固吉矣。然下應乎初。若以柔濟之。則過于柔矣。其棟決不能隆。吝之道也。故又戒占者以此。

象曰。棟隆之吉。不橈乎下也

因外卦虛。在上。實在下。所以不橈。故曰不橈乎下也。不可以有輔者。下虛故也。不橈乎下者。下實故也。

九五。枯楊生華。老婦得其士夫。无咎无譽

兌綜巽。又楊之象也。生華者、楊開花。則散漫。終無益。于枯也。老婦士夫、詳見九二爻下、○九五以陽剛應乎過極之長女。乃時之大過而不能生育者也。故有枯楊生華。老婦得其士夫之象。占者得此。揆之于理。雖無罪咎。而老婦反得士夫。亦非配合之美矣。安得又有譽哉。故其象占如此。

象曰枯楊生華何可久也老婦士夫亦可醜也

何可久。言終散漫。亦可醜。言非配合。言且不惟不能成生育之功。而配合非宜。亦可醜也。

…陽勢過。…陽居陽則…故諸爻以陽…皆吉。以陽…皆凶。与大壯找略同。

上六過涉滅頂凶无咎

頂者首也。變乾爲首。頂之象也。當過之時。遇兌澤之水。過涉之象也。澤水在首。滅沒其頂之象也。以二陰爻論之。初藉用白茅。大過于慎者也。以其居卦之初。故不凶而无咎。上過涉滅頂。大過于濟者也。以其居卦之終。故有凶而无咎。○上六處大過已極之時。勇于必濟。有冒險過涉之象。然才弱不能以濟。故又有滅頂之象。過涉滅頂。必殺身矣。故占者必凶。然不避艱險。慷慨赴死。殺身成仁之事也。故其義。无咎。

象曰過涉之凶不可咎也

无咎者。上六本无咎也。不可咎者。人不得而咎之也。以人事論過涉之凶。雖不量其淺深以取禍。然有死難之節。而無苟免之羞。論其心。不論其功。論是非。不論利害。人惡得而咎之。

䷜ 坎下 坎上

習、重習也。坎、坎陷也。其卦一陽陷于二陰之中。此坎陷之義也。坎爲水者、四陰、土坎也、二陽坎中之

水也天一生水所以象水也上坎下坎故曰重險

序卦物不可以終過故受之以坎所以次大過

習坎有孚維心亨行有尚

維者繫也尚者有功可嘉尚也身在坎中所可自主者獨此心耳人之處險占得此者能誠信以維係于其心安于義命而不僥倖苟免則此心有主利害禍福不能搖動是以脫然無累而心亨矣由是洞察時勢惟取必于理而行之故可出險有功所以行有尚九二九五中實有孚之象陷于坎中

而剛中之德自若。維心亨之象。

彖曰習坎重險也水流而不盈行險而不失其信維心亨乃以剛中也行有尚往有功也天險不可升也地險山川丘陵也王公設險以守其國險之時用大矣哉

以卦象卦德卦體釋卦名卦辭而極言之。上險下險。故曰習坎。水流不盈者。足此通彼。未常泛濫而盈滿也。行險即水流。以其專赴于壑。故曰行險。行此險陷。未常失其不盈之信。是天下之有孚者莫坎乎水矣。故教占者有尚。剛中者，二五陽剛在內。則以理爲主。光明正大。而無一毫行險僥倖之私。所以亨也。故蒙卦比卦皆坎。皆曰以剛中。心亨。則洞見乎事機之變。自所以拯溺。亨也。出險而有功也。蓋存主乎內者。理不足以勝私。則推行于外者。誠必不能動物。故剛中則心亨。心亨則往有功。而出險矣。此內外功效之自然也。天險者。無形之險也。地險者。有形之險也。設者。置也。設險者。置險也。無形而欲其有形也。大而京師都會。則披山帶河據其形勝以爲險也。小而一郡一邑。則築城鑿池。據其高深以爲險也。此則在人之險。因無形而成有形。欲其與天地同其險者也。坎月之象。錯離日之象。中爻震雷之象。錯巽風之象。日月風雷。故曰天險。不然天蒼然而已。何處有險。因卦中有天象所以言天險也。四坤土。地之象也。中爻艮土。山丘陵之象也。本卦坎川之象也。九五居尊。王公之象也。中爻艮止。守之象也。坤土中空。國之象也。故益卦三陽三陰而曰爲依遷國。時用者。時有用也。險

之爲用上極于天下極于地中極于人故以大矣哉贊之與睽蹇同

象曰水洊至習坎君子以常德行習教事行下孟反

洊再至也下坎内水之方至也上坎外水之洊至也水洊習則恒久而不已是天下之有恒者莫如水也君子體之常德行者以此進德也習教事者以此教民也德行常則德可久教事習則教不倦

初六習坎入于坎窞凶

窞者坎中小坎傍入者也水性本下而又居卦之

下。坎體本陷。而又入于窞。則陷中之陷矣。○初六陰柔居重險之下。其陷益深。故有在習坎而又入坎窞之象。占者如是。則終于淪沒而無出險之期。凶可知矣。

象曰習坎入坎失道凶也

剛中。維心。亨。出險之。道。也。今陰居重險之下。則與剛中維心亨相反。失出險之道矣。所以凶。

九二坎有險求小得

曰有險。則止于有險而已。非初與三入坎窞之甚矣。中爻震錯巽。巽爲近市利。求得之象也。故隨卦中爻巽亦曰隨有求得。變坤。陽大陰小。求小得之象也。○九二處于險中。欲出險而未能。故爲坎有險之象。然剛雖得中。雖亦有孚維心。但在險中。僅可求小得而已。若出險之大事則未能矣。故其象占如此。

象曰求小得未出中也

未出險中。

六三來之坎坎險且枕入于坎窞勿用

之者往也。來之者來往也。內外皆坎。來往之象也。下坎終而上坎繼。坎坎之象也。故乾九三曰乾乾。中爻震木橫于內。而艮止不動。枕之象也。險且枕者。言面臨乎險而頭枕乎險也。初與三皆入坎窞。而二止言有險者。二中而初與三不中正也。勿用者。言終無出險之功。無所用也。○六三陰柔又不中正。而履重險之間。故其來也亦坎。往也亦坎。蓋往則上坎在前。是前遇乎險矣。來則下坎在後。是後又枕乎險矣。前後皆險。將入于坎之窞而不能

復出故有此象占者得此勿用可知矣

象曰來之坎坎終无功也

處險者以出險爲功故曰終无功與往有功相反

六四樽酒句簋貳句用缶句納約自牖終无咎

四變中爻離巽巽木離中虛樽之象也坎水酒之象也中爻震竹簋乃竹器簋之象也缶瓦器所以盛酒漿者比卦坤土中虛初變震有離象故曰缶離卦鼓缶此變離故曰缶漢書擊缶而歌烏烏貳者副也言樽酒而簋即副之也言一樽之酒貳簋

之食。樂用缶。皆菲薄至約之物也。納約自牖者。自進于牖下。陳列此至約之物而納進之也。在墻曰牖。在屋曰囱。牖乃受明之處。變離。牖之象也。此與遇主于巷同意。皆其坎陷艱難之時。故不由正道也。蓋樽酒簋貳用缶。見無繁文之設。納約曰自。見無儐介之儀。世故多艱。非但君擇臣。臣亦擇君。所以進麥飯者不以爲簡。而雪夜幸其家以嫂呼臣妻者不以爲瀆也。修邊幅之公孫述。宜乎爲井底蛙矣。○六四柔順得正。當國家險難之時。近九五剛中之君。剛柔相濟。其勢易合。故有簡約相見之象。占者如此。庶能共謀出險之計。始雖險陷。終得无咎矣。

象曰樽酒簋貳剛柔際也

剛五柔四。際者。相接際也。五思出險而下求。四思出險而上交。此其情易合。而禮薄亦可以自通也。

九五坎不盈祇既平无咎祇作坻

祇水中小渚也。詩宛在水中坻是也。坎不盈者。坎水猶不盈滿。尚有坎也。平者。水盈而平也。坻既平則將盈而出險矣。坎不盈者。見在之辭。坻既平者。逆料之辭。言一時雖未平。將來必平也。无咎者。出險而太平也。○九五猶在險中。以地位言。故有坎不盈之象。然陽剛中正。其上止有一陰。計其時亦將出險矣。故又有坻既平之象。若未平未免有咎。既平則无咎矣。故占者无咎也。

象曰。坎不盈。中未大也。

中者中德也。未大者時也。中德雖具。而值時之艱。未大其顯施而出險也。

上六係用徽纆寘于叢棘三歲不得凶纆音墨

係縛也。徽纆皆索名。三股曰徽。二股曰纆。此爻變巽。其爲繩。又爲長。徽纆之象也。寘者。置也。囚禁之意。坎爲叢棘。叢棘之象也。今之法門囚罪人之處。以棘刺圜墻是也。言縛之以徽纆。而又囚之于叢棘之中也。三歲不得者。言時之久而不得脫離也。坎錯離。三之象也。〇上六以陰柔居險之極。所陷益深。終無出險之期。故有此象。占者如此。死亡之禍不能免矣。故凶。

象曰上六失道凶三歲也

道者濟險之道也即有孚維心以剛中也今陰柔失此道所以有三歲不得之凶

䷝ 離下離上

離者麗也明也一陰附麗于上下之陽麗之義也中虛明之義也離爲火火無常形附物而明邵子所謂火用以薪傳是也序卦坎者陷也陷必有所麗故受之以離火中虛而暗以其陰也水中實而明以其陽也有明必有暗有晝必有夜理之常也

所以次坎。

離利貞亨畜牝牛吉

六二居下離之中則正。六五居上離之中則不正。故利于正而後亨。牛順物。牝牛則順之至也。畜牝牛者。養順德也。養順德于中者正。所以消其炎上之燥性也。故吉。

彖曰離麗也日月麗乎天百穀草木麗乎土重明以麗乎正乃化成天下柔麗乎中正故亨是以畜牝牛吉也

釋卦名義並卦辭。五爲天位。故上離有日月麗天之象。此以氣麗氣者也。二爲地位。故下離有百穀草木麗土之象。此以形麗形者也。離附物。故有氣有形。重明者。上離明。下離明也。上下君臣。皆麗乎正。則可以化成天下而成文明之俗矣。柔麗乎中正者。分言之。六五麗乎中。六二麗乎中正也。總言之。柔皆麗乎中正也。惟其中正。所以利貞而後亨。惟柔中正而後亨。所以當畜牝牛。養其柔順中正之德而後吉也。

象曰明兩作離大人以繼明照于四方

作者起也。兩作者一明而兩作也。言。今。日。明。明。日。又。明。也。繼明如云聖繼聖也。以人事論。乃日新又新。緝熙不已也。照于四方者。光被四表也。大人以德言。則聖人。以位言則王者。其所謂明者。內而一心。外而應事接物皆明也。是以達事理。辨民情。天下之邪正得失皆得而見之。不必以察為明。而明照于四方矣。重明者上下明也。繼明者、前後明也。象。言。二。五。君。臣。故。以。重。明。言。之。象。言。明。兩。作。皆。君。

也。故以繼明言之。

初九履錯然敬之无咎

履者、行也。進也。錯者、雜也。交錯也。詩傳云、東西為交邪行為錯。本爻陽剛。陽性上進。本卦離火。火性炎上。皆有行之之象。故曰履。又變艮綜震足。亦履之象也。艮為徑路。交錯之象也。然者、助語辭。錯然者。剛則躁。明則察。二者交錯于胸中。未免東馳西走。惟敬以直內。則安靜而不躁妄。主一而不過察。則敬者醫錯之藥也。故无咎。无咎者。剛非躁。明非

察也○初九以剛居下而處明體○剛明交錯○故有履錯然之象○惟敬則无此咎矣○故教占者以此○

象曰履錯之敬以辟咎也 辟音避

避者迴避也○敬則履錯之咎皆迴避矣○

六二黃離元吉

黃中色○坤爲黃○離中爻乃坤土黃之象也○離者附麗也○黃離者言麗乎中也○即柔麗乎中正也○以人事論乃順以存心而不邪側○順以處事而不偏倚是也○吉者無所處而不當也○八卦正位離在二○故

元吉。○六二柔麗乎中而得其正。故有黃離之象。占者得此。大吉之道也。故元吉。

象曰黃離元吉得中道也

得中道以成中德。所以凡事無過不及而元吉。

九三日昃之離不鼓缶而歌則大耋之嗟凶

變震爲鼓。鼓之象也。離爲大腹又中虛。缶之象也。中爻兌。口歌與嗟之象也。缶乃常用之物。鼓缶者樂其常也。凡人歌樂必用鐘鼓琴瑟。則非樂其常矣。若王羲之所謂年在桑榆。賴絲竹陶寫。即非樂其常矣。蓋絲竹乃富貴所用之物。貧賤無絲竹者將何陶寫哉。故鼓缶而歌者。卽席前所見之物以鼓之。乃安其常也。人壽八十曰耋。喜則歌。憂則嗟。嗟者歌之反。○重離之間。前明將盡。後明當繼之時也。故有日昃之象。然盛衰倚伏。天運之常。人生至此。樂天知命。鼓缶而歌。以安其日用之常分可也。此則達者之事也。若不能安常以自樂。徒戚戚于大耋之嗟。則非爲無益。適自速其死矣。何凶如之。故又戒占者不當如此。

象曰日昃之離何可久也

日既傾昃。明豈能久。

九四突如其來如焚如死如棄如

突者、竈突也。離中虛、竈突之象也。突如其來如者、下體之火。如竈突而炎上也。火性炎上。三之舊火。既上于四而不能回于其三。四之新火又發。五得中居尊。四之火又不敢犯乎其五。上下兩無所容。則火止于四而已。故必至于焚如死如。成灰棄如而後已也。如者、助語辭。此爻暴秦似之。秦法如火。

始皇舊火也。二世新火也。故至死棄而後巳。坎性下。三在下卦之上。故曰來。此來而下者也。火性上。四在上卦之下。故曰來。此來而上者也。來而下必至坎窞而後巳。來而上必至死棄而後巳。○四不中正。當兩火相接之時。不能容于其中。故有此象。占者之凶可知矣。

象曰突如其來如无所容也

三炎上而不能反。三不能容也。五中尊而不敢犯。五不能容也。

六五出涕沱若戚嗟若吉

涕沱貌離錯坎涕若之象也又加憂戚之象也中爻兌口嗟之象也出涕沱若者憂懼之徵于色也戚嗟若者憂懼之發于聲也二五皆以柔麗乎剛二之辭安五之辭危者二中正五不正故也○六五以柔居尊而守中有文明之德然附麗于剛强之間若不恃其文明與其中德能憂懼如此然後能吉戒占者當如此

象曰六五之吉離王公也離音麗

王指五。公指上九。離王公者。言附麗于王之公也。

王與公相麗。陰陽相資。故吉。不言四者。四無所咎。

而上九能正邦也。

上九。王用出征。有嘉句　折首句　獲匪其醜。无咎

王指五。離爲日。王之象也。用者、用上九也。五附麗于上九。用之之象也。有嘉者、嘉上九也。即王三錫命也。折首獲匪其醜。即可嘉之事也。離爲戈兵。變爲震動。戈兵震動。出征之象也。王用上九專征。可謂寵之至矣。爲上九者。若不分其首從而俱殲之。

是火炎崑岡安得可嘉哉。又安得无咎哉。折首者
折取其魁首。即殲厥渠魁也。獲匪其醜者。執獲不
及其小醜。即脅從罔治也。乾爲首。首象陽。醜象陰
明夷外卦錯乾。故曰大首。本爻乾陽。且離爲上槁。
折其首之象也。本卦陽多陰少。陰乃二五君臣無
羣小之醜。獲匪其醜之象也。无咎者。勇足以折首。
而仁及于小醜也。王用出征有嘉一句。折首一句。
獲匪其醜一句。○上九以陽剛之才。故有王用出
征有嘉之象。又當至明之極。首從畢照。故又有出

征惟折其首不及于醜之象乃无咎之道也故其

象占如此

象曰王用出征以正邦也

征之爲言正也寇賊亂邦故正之

周易集註卷之六　終

梁山來知德先生易經集註卷之七

平山後學崔華重訂　男巒岱嵒齊同校

周易下經

䷞ 艮下兌上

咸者感也不曰感者咸有皆義男女皆相感也艮為少男兌為少女男女相感之深莫如少者蓋艮止則感之專兌悅則應之至此咸之義也序卦有天地至然後禮義有所錯天地萬物之本男女倫之始上經首乾坤者天地定位也下經首咸恒

者山澤通氣也位欲其對待而分繫辭天地定位一條是也故天地分爲二卦氣欲其流行而合繫辭剛柔相摩一條是也故山澤合爲一卦

咸亨利貞取女吉取七具反

彖辭明蓋八卦正位艮在三兌在六艮屬陽三則以陽居陽兌屬陰六則以陰居陰三爲艮之主六爲兌之主男女皆得其正所以亨貞吉

彖曰咸感也柔上而剛下二氣感應以相與止而說男下女是以亨利貞取女吉也天地感而萬物化生

聖人感人心而天下和平觀其所感而天地萬物之情可見矣

釋卦名義。又以卦綜卦德卦象釋卦辭而極言之。感者感而應也。無應不爲感矣。本卦二體初陰四陽、二陰五陽、三陽六陰、皆陽感而陰應。陰感而陽應。故曰感也。取其交相感之義也。凡天下之事無心以感之者寂也、不能感也、有心以感之者私也。非所感也。惟心雖感之。而感之至公。無所容心于其間。則無所不感矣。故卦去其心而彖加其心。彖上而剛下者。本卦綜恒。二卦同體。文王綜爲一卦。故雜卦曰、咸速也。恒久也。柔上者、恒下卦之巽。上而爲咸之兌也。剛下者、恒上卦之震。下而爲咸之艮也。二氣者、山澤之氣也。因二氣剛柔。一上一下。剛感而柔應之。柔感而剛應之。卽山澤通氣也。故恒卦亦曰、上下相與也。此感之所以亨也。止而說者。人心之說易失其正。惟止而說。則無徇情縱欲之私。此所以利貞也。男下女者。以艮之少男。下于兌之少女也。凡婚姻之道。無女先男者。必女守貞靜男先下之。則爲得男女之正。此所以取女吉也。化者氣化。生者形生。萬物化生者。天地以氣感萬物。而萬物無不通也。和者無乖戾。平者無反側。聖人以德感天下。而天下無不通也。觀其所感者。由感通之道。引而伸之也。寂然不動者性。感而遂通者情。天地萬物之情可見者。見天地萬物之情。不過此感通也。

象曰。山上有澤。咸。君子以虛受人。

澤性潤下。土性受潤。澤之潤有以感乎山。山之虛有以受乎澤咸之象也虛者未有私以實之也受者受人之善也人之一心寂然不動感而遂通者虛故也中無私主則無感不通聞一善言見一善行沛然若決江河矣苟有私意以實之如有所好樂是喜之私實于中矣有所忿懥是怒之私實于中矣既有私意則先入者為主而感通之機窒雖有至者將拒而不受矣故山以虛則能受澤心以虛則能受人

初六咸其拇（拇茂后反）

止也。何以艮雖是止。咸之義。動。所以都靜雖說動。故不吉。

拇足大指也。艮綜震。足之象也。故以拇言之。以理論。初在下。亦拇之象。咸其拇。以其拇也。拇豈能感人。特以人身形體上下之位。象所感之淺深耳。六爻皆然。○初六陰柔。又居在下。當感人之時。志雖在外。然九四說之。初六止之。特有感人之心。而無感人之事。故有感其拇之象。所以占無吉凶。

象曰：咸其拇，志在外也。

外者，外卦也。初與四爲正應。所感雖淺。然觀其拇

之動則知其心志已在外卦之九四矣

六二咸其腓凶居吉

腓足肚也拇乃枝體之末離拇升腓漸進于上則較之咸其拇者其感不甚淺矣凶者以上應九五而凶也感皆主于動但九五君位豈可妄動以感之故凶居者非寂然不動也但不妄動耳蓋此爻變巽爲進退且性入上體兌悅情悅性入必不待其求而感若居則不感矣不感則不變尚爲艮體之止故設此居吉之戒○六二陰柔當感人之時

咸之漸進。故有咸其腓之象。然上應九五。不待其求而感之。故占者不免于凶。若安其居以待上之求。則得進退之道而吉矣。故又教占者以此。

象曰雖凶居吉順不害也

順者、中正柔順之德也。不害者、不害其感也。言居者非戒之以不得相感也。蓋柔順之中。德本靜。而不動。能居。而守。是德。則不至。有私感之害也。

九三咸其股執其隨往吝

股者、髀也。居足之上。腰之下。不能自由。隨身而動者也。中爻爲巽。股之象也。執者、固執也。專、主也。執其隨者。股乃硬執之物。固執而惟主于隨也。以陽而從陰。以人事論。乃以君子而悅小人之富貴。故可羞吝。然九三以陽剛之才。而居下之上。是宜自得其正道以感于物矣。然所居之位應于上六。陽好上而悅陰。上居悅體之極。三往而從之。故有咸股執隨之象。占者以是而往。羞吝不必言矣。

象曰。咸其股。亦不處也。志在隨人。所執下也。

處者、居也。即六二居吉之居。因艮止。故言居言處。

處則不隨，隨則不處。曰亦者，承二爻而言。言六二陰柔，以不處而凶，處而吉。陰柔隨人，不足惜矣。今九三剛明，宜乎卓然自立，則所執主者，乃高明自重之事。有何可美？今乃亦不處而志在隨人，則所執者卑下之甚，不其可羞乎？亦不處，惜之之辭。所執下，鄙之之辭。

九四：貞吉，悔亡，憧憧往來，朋從爾思。

貞者，正而固也。此心不思乎正應之陰柔，則廓然太公，物來順應，正而固矣。吉者，誠無不動也。悔亡者、內省不疚也。憧憧、往來貌。往來者、初感乎四。二感乎五。三感乎六者。往也、六感乎三。五感乎二。四感乎初者。來也。四變上下成坎。中爻成離。來之坎坎。突如來如者。往來之象也。朋者、中爻三陽牽連也。故曰朋。泰三陽牽連、亦曰朋。損六五三陰也。益六二三陰也。復九四三陰也。故皆以朋稱之也。思者、四應乎初之陰。初乃四之所思也。五應乎二之陰。二乃五之所思也。三應乎六之陰。六乃三之所思也。爾者、呼其心而名之也。朋從爾思者、言四與三五共從乎心之所思也。四居股之上，脢之下，乃心也。心之官則思，思之象也。心統乎百體，則三與五皆四之所屬矣。故可以兼三五而稱朋也。○九四乃心，爲咸之主。以陽居陰而失正，又應乎初之陰柔，不免悔矣。故戒占者此心能正而固，則吉而悔亡。形于其感，無所不感矣。若此心憧憧往來，惟相從乎爾心之所思，則溺于陰柔，不能正大光明，而感應之機窒矣。又豈能吉而悔亡。故戒占者以此。

象曰貞吉悔亡未感害也憧憧往來未光大也

不正而感則有害。貞則未爲感之害也。往來於心者皆陰私。又豈能正大光明。

九五咸其脢无悔 脢音梅

脢背脊肉不動者也。脢雖在背。然居口之下心之上。蓋由拇而腓而股而心而脢而口。六爻以漸而上也。初與四應。故拇與心皆在人身之前。二與五應。故腓與脢皆在人身之後。三與上應。故股與輔頰皆在兩旁。而舌則居中焉。雖由拇以漸而上。然對待之精至此諸爻動而無體非所感者也此爻靜而不動不能感者也○九五以陽居悅體之中比于上六上六悅體之極陰陽相悅則九五之心志惟在此末而已所以不能感物不能感物則亦猶脢之不動也故有咸其脢之象悔生于動既不能動而感則亦无悔矣故占者无悔

象曰咸其脢志末也

末者上六也大過上體亦兌卦彖辭本末弱末指上六可見矣九五應二而比六小象獨言志末何

也。二乃艮體止而不動。六乃悅體。又悅之極。則九五之心志。惟在此末而不在二矣。所以言志末。亦如謙卦九三比二。六二鳴謙則中心得。上六正應鳴謙則志未得是也。人君感人心。而天下和平者。以其廓然太公。物來順應也。今志在末。豈能感人。所以僅得无悔。

上六咸其輔頰舌

輔者口輔也。近牙之皮膚與牙相依。所以輔相頰舌之物。故曰輔。頰、面旁也。輔在內。頰在外。舌動則輔應而頰從之三者相須用事皆所用以言者故周公兼舉之兌爲口舌輔頰舌之象也咸卦有人身象上陰爻爲口中三陽爲腹背下有腿脚象故周公六爻自拇而舌○上六以陰居悅之終處咸之極感人以言而無其實故其象如此蓋小人女子之態蘇秦張儀之流也

象曰咸其輔頰舌滕口說也

滕張口騁辭貌見說文口說豈能感人

䷟ 巽下震上

恒久也男在女上男動乎外女順乎內人理之常故曰恒又見彖辭皆恒之義也序卦夫婦之道不可以不久也故受之以恒言夫婦偕老終身不變者也蓋咸少男在少女之下以男下女乃男女交感之義恒長男在長女之上男尊女卑乃夫婦居室之常論交感之情則少爲親切論尊卑之序則長當謹嚴所以次咸

恒亨无咎利貞利有攸往

恒之道可以亨通恒而能亨乃无咎也恒而不可

以亨。非可恒之道也。爲有咎矣。如君子恒于善。故无咎。小人恒于惡焉。得无咎。然恒亨而後无咎。何也。蓋恒必利于正。若不正。豈能恒。如孝置之而塞乎天地。溥之而橫乎四海。如此正方得恒。故利貞。恒必利有攸往。達之家邦。萬古不窮。如孝施之後世而無朝夕。方謂之恒。如不可攸往。不謂之恒矣。利貞。不易之恒也。恒之利者也。利有攸往。不已之恒也。亦恒之利者也。故恒必兩利。恒字廣韻玉篇皆有下一畫、獨易經無下一畫。與无字同、不同各

經無字

彖曰恒久也剛上而柔下雷風相與巽而動剛柔皆應恒恒亨无咎利貞久於其道也天地之道恒久而不已也利有攸往終則有始也日月得天而能久照四時變化而能久成聖人久於其道而天下化成觀其所恒而天地萬物之情可見矣

釋卦字義。又以卦綜卦象卦德釋卦名卦辭而極言之。恒者、長久也。若以恒字論、左旁從立心、右旁從一日、言立心如一日、久而不變也。剛上而柔下者本卦綜咸。剛上者、咸下卦之艮。上而爲恒之雷也。柔下者、咸上卦之兌。下而爲恒之巽也。陰陽之理。剛上柔下。分之常。迅雷烈風交助其勢。氣之常。男動作于外。女巽順于內。人理之常。剛以應柔。柔以應剛。交感之常。此四者皆理之常。故曰恒。恒亨无咎利貞者。以久于其道也。蓋道者、天下古今共由之路。天地之正道也。惟久于其道。故亨。故无咎。故利貞。若久非其道。亦不能恒矣。且恒久莫過于天地。天地之道。恒久而不已者也。惟其恒久不已。

所以攸往不窮。蓋凡人事之攸往至于終而不能恒久者。以其終而不能又始也。終而不能始。則自終而止。有止息間斷。非恒久不已者矣。安能攸往。惟天地之道。晝之終矣。而又有夜之始。夜之終矣。而又有晝之始。寒之終矣。而又有暑之始。暑之終矣。而又有寒之始。終則有始。循環無端。此天地所以恒久也。此恒所以必利有攸往而後謂之恒也。若有所往不能終始循環不窮。則與天地不相似。安得謂之恒哉。得天者。附麗于天也。變化者。寒而暑。暑而寒。迭相竭。還相本。陰變于陽。陽化爲陰也。久成者。成其歲功也。久于其道者。仁漸義摩也。化成者。化之而成其美俗也。此極言恒久之道。言觀其所恒。可見萬古此天地。萬古此恒也。萬古此萬物。萬古此恒也。若當春時爲夏。當秋時爲冬。當生物時不生。當成物時不成。此之謂變。怖安得謂之恒。

象曰雷風恒君子以立不易方

立者、止于此而不遷也。方者、大中至正之理。理之

不可易者也。如爲人君止于仁。爲人臣止于敬是

也。不易方者非膠于一定也。理在于此。則止而不

遷。如冬之寒。理在于衣裘。則衣裘而不易其葛。夏

之暑。理在于衣葛。則衣葛而不易其裘是也。巽性

入。入而在内。震性動。出而在外。二物各居其位。不

易方之象也。故曰不易方

初六浚恒貞凶无攸利

浚深也。浚井之浚。浚字生于巽性入之入字來、初

六爲長女之主。九四爲長男之主。乃夫婦也。巽性

入始與夫交之時即深求以夫婦之常道四動而決躁安能始交之時即能從其所求貞者初與四爲正應所求非不正也凶者驟而求之深彼此不相契合也无攸利者有所往則夫婦反目矣蓋初陰居陽位四陽居陰位夫婦皆不正皆有氣質之性所以此爻不善下三爻皆以妻言初爻凶者妻求夫之深而凶也三貞吝者妻改節而見黜也上三爻皆以夫言四無禽者夫失其剛而無中饋之具也五凶者夫順從其妻而凶也○初與四爲正

應。婦責備夫以夫婦之常道。亦人情之所有者。然必夫婦居室之久。情事孚契。而後可以深求其常道也。但巽性務入。方交四之始。即深以夫婦之常道求之。則彼此之情未免乖矣。故有浚恒之象。占者如此。則雖貞亦凶。而無攸利也。

象曰浚恒之凶始求深也

求者中饋之酒漿罌皿衣服首飾之類也。

九二悔亡

以。陽居。陰。本有悔矣。以其久中。故其悔亡。亡者失

之于初而改之于終也

象曰九二悔亡能久中也

可久之道中焉止矣人能恒久于中豈止悔亡孔子之言蓋就周公之爻辭而美之也

九三不恒其德或承之羞貞吝

陽德居正故得稱德不恒其德者改節也居巽之極爲進退爲不果改節之象也以變坎爲狐疑此心不定亦改節之象也長女爲長男之婦不恒其德而改節則失其婦之職矣既失其職則夫不能

容而婦被黜矣。或者、外人也、承者、進也、羞者、致滋味也、變坎有飲食之象、羞之象也、因婦見黜外人與夫進其羞也、貞者、九三位正也、若依舊註羞作羞恥、則下各字重言羞矣、○九三位雖得正。然過剛不中。當雷風交接之際。雷動而風從。不能自守。故有不恒其德。或承之羞之象。雖正亦可羞矣。故戒占者如此。

象曰不恒其德无所容也

无所容者。夫不能容其婦而見黜也。所以使外人進其羞也。

九四田无禽

應爻爲地道。又震爲大塗。故曰田。與師卦田有禽之田同。本卦大象與師卦大象皆與小過同。故皆曰禽。應爻巽。爲鸛。亦禽之象也。應爻深入。與井下卦同巽。故皆曰無禽也。師卦所應剛實。故有禽。本卦所應陰虛。故无禽。○九四以陽居陰。久非其位。且應爻深入。故有田无禽之象。既無禽則不能與妻備中饋之具。夫非其夫矣。故其象占如此。

象曰久非其位安得禽也

久非其位。則非所久而久矣。故不得禽。

六五恒其德貞婦人吉夫子凶

丈夫用剛用柔。各適其宜。以柔順爲常。是因人成事矣。所以凶。此爻變兌。兌爲少女。又爲妾。婦人之象也。婦人以順爲正。故吉。○六五恒其中德正矣。故有恒其德貞之象。但剛而中可恒也。柔而中婦人之常。非夫子之所當常也。故占者有吉有凶。又如此。

象曰婦人貞吉從一而終也夫子制義從婦凶也

從一者從夫也婦人無專制之義惟在從夫順從乃其宜也制者裁制也從婦者從婦人順從之道也夫子剛果獨斷以義制事若如婦人之順從委靡甚矣豈其所宜故凶

上六振恒凶振去聲

振者奮也舉也整也振恒者振動其恒也如宋時祖宗本有恒久法度王安石以祖宗不足法乃紛更舊制正所謂振恒也凶者不惟不能成事而反

憤事也。在下入乃巽之性。在上動乃震之性。振恒也。方恒之始。不可浚而乃浚。既恒之終。不可振而乃振。故兩爻皆凶。○上六陰柔本不能固守其恒者也。且居恒之極。處震之終。恒極則反常。震終則過動。故有振恒之象。占者之凶可知矣。

象曰振恒在上大无功也

大无功者。不惟无功。而大无功也。曰大者。上而无益于國家。下而不利于生民。安石靖康之禍是也。

䷠ 艮下乾上

遯者退避也六月之卦也不言退而曰遯者退止有退後之義無避禍之義所以不言退也爲卦天下有山山雖高其性本止天之陽性上進違避而去故有遯去之義且二陰生于下陰漸長小人漸盛君子退而避之故爲遯也序卦恒者久也物不可以久居其所久則變變則去此理之常所以次恒

遯亨小利貞

亨爲君子言也君子能遯則身雖遯而道亨小者

陰柔之小人也。指下二陰也。利貞者。小者利于正而不害君子也。若害君子。小人亦不利也。

彖曰遯亨遯而亨也剛當位而應與時行也小利貞浸而長也遯之時義大矣哉浸居鴆切

以九五一爻釋亨。以下二陰爻釋利貞而贊之。遯而亨者。惟遯乃亨。見其不可不遯也。剛指五。當位者。當中正之位。而應者。下與六二相應也。時行言順時而行也。身雖在位而心則遯。此所以謂之時行也。九五有中正之德。六二能承順之。似亦可以不必于遯。然二陰浸而長。時不可以不遯。知時之當遯。與時偕行。此其所以亨也。浸者漸也。浸而長。其勢必至于害君子。故戒以利貞。時義大者。陰雖浸長。尚未盛大。且九五與二相應。其陽漸消之意。皆人之所未見而忽畧者。是以苟且留連而不能決去也。當此之時。使不審時度勢。則不知遯。若眷戀祿位。又不能遯。惟有明哲保身之智。又有介石見幾之勇。方能鴻冥鳳舉。所以嘆其時義之大。漢元成之時。弘恭石顯得志于內。而蕭望之劉向朱雲皆得巨禍。桓靈之際。曹節王甫得志于內。而李膺陳蕃竇武皆被誅戮者。均不知遯之時義者也。易中大矣哉有二。有贊美其所係之大者。豫革之類是也。有稱嘆其所處之難者。大過遯之類是也。

象曰天下有山遯君子以遠小人不惡而嚴遠袁萬反

惡者惡聲厲色。疾之已甚也。嚴者以禮律身。無可議之隙。而凜然不可犯也。不惡者待彼之禮。嚴者守己之節。天下有山。天雖無意于絕山。而山自不能以及乎天。遯之象也。故君子以遠小人。不惡而

嚴曰不惡而嚴則君子無心于遠小人而小人自遠與天之無心于遠山而山自絶于天者同矣遠小人艮止象不惡而嚴乾剛象

初六遯尾厲勿用有攸往

遯者居當遯之時也尾者初也因在下故曰尾厲者天下賢人君子皆以遯去是何時也豈不危厲往者往而遯去也本卦遯乃陽剛與陰不相干涉故不可往且初在下無位又陰柔所居不正無德無位無德則無聲聞不過凡民耳與遯去之賢人

君子不同。遯之何益。○初六居下。當遯之時。亦危厲矣。但時雖危厲。而當遯者非初之人。故教占者勿用遯去。但晦處以俟時可也。

象曰遯尾之厲不往何災也

不遯有何災咎。所以勿用有攸往。

六二執之用黃牛之革莫之勝說 勝音升 說音脫

執者、執縛也。艮性止。執之象也。黃中色。指二。應爻錯坤。牛之象也。勝者、任也。脫者、解脫也。能勝其脫欲脫即脫矣。莫之勝脫者。不能脫也。言執縛之以黃牛之皮。與九五相交之志堅固不可脫也。本卦遯者乃陽。初與二陰爻皆未遯。故此爻不言遯字。○二陰浸長。近于上體之四。陰已凌迫于陽矣。然二與五爲正應。二以中正順應乎五。五以中正親合乎二。正所謂剛當位而應。不凌迫乎陽可知矣。故有執之用黃牛之革。莫之勝說之象。占者當是時亦當如是也。

象曰。執用黃牛固志也

堅固其二五中正相合之志也。

九三繫遯有疾厲畜臣妾吉

繫者、心維係而眷戀也。高祖有疾、手勑惠帝曰、吾得疾隨困、以如意母子相累、其餘諸兒皆足自立、哀此兒猶小也。曹瞞臨死持姬女而指季豹以示四子曰、以累汝、因泣下、此皆所謂繫也、中爻爲巽。巽爲繩。繫之象也。繫遯者。懷祿徇私隱忍而不去也。疾者、利欲爲纏魔困苦之疾也。厲者、禍伏于此而危厲也。臣者、僕也。妾者、女子也。指下二陰也。乃三所繫戀之類也。蓋臣妾也。宮室也。利祿也。凡不出于天理之公而出于人欲之私者。皆陰之類也。皆人之所係戀者也。本卦止言臣妾者。因二陰居下位故也。畜者止也。與剝卦順而止之同。止之使制于陽而不陵上也。艮畜止象。又爲閽寺臣之象。又錯兌妾之象。○九三當陰長陵陽之界。與初二二爻同體。下比于陰。故有當遯而係戀之象。既有所繫。則不能遯矣。蓋疾而厲之道也。然艮性能止。惟剛正自守。畜止同體在下之二陰。馭之以臣妾之正道。使制于陽而不陵上斯吉矣。故又教占者必如此。

象曰繫遯之厲有疾憊也畜臣妾吉不可大事也

疾憊者。疲憊于私欲。困而危矣。不可大事者。出處去就乃丈夫之大事。知此大事。方知其遯。若畜止臣妾。不過以在我艮止之性。禁令之爾。乃小事也。九三繫遯。能此小事。亦即吉矣。豈能決斷其出處去就之大事哉。

九四好遯君子吉小人否 好呼報反 否方有反

三比二。故曰繫。四應初。故曰好。好者、愛也。繫者、縛也。愛者必眷戀而縛。縛者因喜悅而愛。其實一也。好遯者又好而又遯也。好者爵位利祿愛慕之事也。遯者審時度勢見幾之事也。好者四也。遯者九也。陽居陰位。陽可爲君子。陰可爲小人。故可好可遯也。所以聖人設小人之戒。否者不也○九四以剛居柔。下應初六。故有好而不遯之象。然乾體剛健。又有遯而不好之象。占者顧其人何如耳。若剛果之君子。則有以勝其人欲之私。止知其遯不知其好。得以遂其潔身之美。故吉矣。若小人則徇欲忘反。止知其好。不知其遯。遯豈所能哉。故在小人則否也。

象曰君子好遯小人否也

君子剛果。故好而知遯。必于其遯。小人陰柔。故好而不知其遯。惟知其好矣。

九五嘉遯貞吉

嘉遯者嘉美乎六二也。當二陰浸長之時。二以艮體執之以黃牛之革。不凌犯乎陽。其志可謂堅固矣。爲君者不嘉美以正其志。安能治遯。故貞吉。人君無逃遯之理。玄宗幸蜀。安得爲嘉。○九五陽剛中正。有治遯之才者也。當天下賢人君子遯去之時。下應六二之中正。見六二之志固。乃褒嘉之。表正其志。以成其不害賢人君子之美。正而且吉之道也。故其象占如此。

象曰。嘉遯貞吉。以正志也。

二之固志者。堅固其事上之志。臣道中正之心也。五之正志者。表正其臣下之志。君道中正之心也。二五小象皆同言志字。所以知五褒嘉乎二。

上九肥遯无不利

肥者疾憊之反。遯字從豚。故初六言尾。上九言肥。皆象豚也。以陽剛之賢而居霄漢之上。睟面盎背。莫非道德之豐腴。手舞足蹈。一皆仁義之膏澤。心廣體胖。何肥如之。無不利者。天子不得臣。諸侯不得友。堯雖則天。不屈飲犢之高。武既應人。終全孤竹之節。理亂不聞。寵辱不驚。何利如之。〇諸爻皆疑二陰之浸長。心既有所疑而戚戚。則身亦隨之而疾瘠矣。安能肥乎。惟上九以陽剛而居卦外。去柔最遠。無所係應。獨無所疑。蓋此心超然于物外者也。故有肥遯之象。占者无不利可知矣。

象曰肥遯无不利无所疑也

无所疑者。不疑二陰之浸長而消陽也。无所疑。所以逍遥物外。不至于愁苦而瘠。

䷡ 乾下震上

大壯者。大者壯也。大謂陽也。四陽盛長。故爲大壯。二月之卦也。爲卦震上乾下。乾剛而震動。大壯之義也。又雷之威震于天上。聲勢壯大。亦大壯之義也。序卦遯者退也。物不可以終遯。故受之以大壯。遯者。陽衰而遯也。壯者。陽盛而壯也。衰則必盛。消長循環之理。所以次遯。

大壯利貞

陽壯則占者吉亨。不必言矣。然君子之所謂壯者。非徒以其勢之盛。乃其理之正也。故利于正。陰之進不正。則小人得以陵君子。故遯言小者利于貞。陽之進不正。則君子不能勝小人。故大壯言大者利于貞。大壯綜遯。二卦本是一卦。故卦下之辭如此。

象曰大壯大者壯也剛以動故壯大壯利貞大者正也正大而天地之情可見矣

以卦體卦德釋卦名又釋利貞之義而極言之陽長過中大者壯也蓋正月泰陽雖長而未盛三月夬陽已盛而將衰皆不可以言壯惟四陽則壯矣且乾剛震動剛則能勝其人欲之私動則能奮其必爲之志何事不可行哉此其所以壯也卦體則勢壯卦德則理壯所以名壯大者正也言大者自

易經集注　卷之七　三五

無不正也。凡陽明則正。陰濁則邪。自然之理。故利于貞。若不貞則非大矣。正大者正則無不大也。天地之情者。覆載生成所發之情也。一通一復。皆一誠之貫徹。豈不正。既正豈不大。故曰正大。蓋大者壯以氣言。乃壯之本體也。大者正以理言。所以運壯之道也。正大而天地之情可見。又推極上天下地。莫非此正大之理。非特人爲然也。一陽來復。見天地之心。四陽見其情。仁者天地之心。情則其所發也。

象曰雷在天上大壯君子以非禮弗履

非禮者人欲之私也履者踐履也非禮弗履則有以克勝其人欲之私矣此惟剛健以動者可能矯哉其强何壯如之雷在天上大壯者以聲勢而見其壯也君子非理弗履大壯者以克勝其私而見其壯也

初九壯于趾征凶有孚

震爲足又初在下趾之象也征凶者往則必裁抑擯斥也孚者自信其陽剛之正德也初以陽居陽

乾之剛未盛也。故有孚。至三則乾剛極矣。故貞厲。

○初九陽剛處下。當壯之時。壯于進者也。故有壯趾之象。以是而往。凶之道也。然陽剛居正。本有其德。故教占者惟自信其德。以甘窮困。不可有所往。往則凶矣。

象曰。壯于趾。其孚窮也。

既無應援。又卑下無位。故曰窮。當壯進之時。有其德而不能進。進則必凶。乃處窮之時矣。故惟自信其德以自守可也。是其孚者不得已也。因窮也。故

曰其孚窮賢人君子不偶于時棲止山林者多是
如此。

九二貞吉

中則無太過。不恃其強而猛于必進。所以此爻貞
吉。○九二以陽剛當大壯之時。居中而不過于壯。
蓋正而吉者也。故其占如此。

象曰九二貞吉以中也

以中者居中位也。與解卦得中道。未濟中以行正
同。中立而不倚強哉矯。九二有焉。

九三小人用壯君子用罔貞厲羝羊觸藩羸其角羸力爲切

罔者無也言不用也君子以義理爲勇以非禮弗履爲大壯故不用壯也羝羊壯羊也羸者瘦也病也羝羊恃其强壯乃觸其藩其角出于藩之外易去而難反不能用其力是角之壯者反爲藩所困制而弱病矣故曰羸其角也本卦大象兌中爻爲兌皆羊之象故諸爻皆以羊言之震爲竹爲葦藩之象也觸藩者用壯之象也陽居陽位故曰貞羸

角者又貞厲之象也○九三過剛不中又當乾體之終交震動之際乃純用血氣之强過于壯者也然用壯爲小人之事君子以義理爲主豈其所用哉故聖人戒占者曰惟小人則用壯君子則不用也苟用其壯雖正亦厲亦如羊之觸藩羸角也壯其可恃哉戒之之嚴故占中之象又如此

象曰小人用壯君子罔也

言用壯者小人之事君子則無此也

九四貞吉悔亡藩決不羸壯于大輿之輹

貞吉悔亡者惟正則吉而悔亡也決破也藩決不羸承上文而言也三前有四之阻隔猶有藩焉四前二陰則藩決而可前進矣震爲大塗兌爲附決藩決之象也輹與輻同車輪之中幹也車之敗常在折輹輹壯則車強矣四變坤大輿之象也壯于大輿之輹言尚往而可進也此二句又貞吉悔亡之象也○九四當大壯之時以陽居陰不極其剛前無困阻而可以尚往矣故其占中之象如此

象曰藩決不羸尚往也

尚往者。前無困阻。而可以上進也。

六五喪羊于易。无悔。易音亦

易、即場、田畔地也。震爲大塗。場之象也。○本卦四陽在下。故名大壯。至六五無陽。則喪失其所謂大壯矣。故有喪羊于易之象。既失其壯。則不能前進。僅得无悔而已。故其象占如此。

象曰。喪羊于易。位不當也。

位不當者。以柔居五位也。

上六羝羊觸藩。不能退。不能遂。无攸利。艱則吉震錯巽爲進退。退遂之象也。艱者、處之艱難而不忽慢也。吉者。无攸利者。終得攸利也。六五巳喪羊矣。而上六又羝羊觸藩者。蓋六五以一爻言也。上六則合一卦而言也。三則剛之極。上則動之極。所以爻象皆同。○上六壯終動極。所以觸藩而不能退。然其質本柔。又不能遂其進也。故有觸藩不能退遂之象。占者之无攸利可知矣。然猶幸其不剛而不妄進也。若占者能艱以處之。則得以遂其進而吉矣。

象曰不能退不能遂不詳也艱則吉咎不長也

詳者慎密也不詳者當壯終動極之時不能度勢而行審幾而進也既詳則能艱矣咎者不能退不能遂之咎也惟艱則能詳而咎不長矣心思之艱難所以能詳識見之詳明所以方艱

䷢ 坤下離上

晉者進也以日出地上前進而明也不言進而言晉者進止有前進之義無明之義晉則有進而光明之義所以不言進也序卦物不可以終壯故受

之以晉蓋物既盛壯則必前晉所以次大壯

晉康侯用錫馬蕃庶晝日三接

康侯安國之侯也錫者賜與也蕃庶見其恩之者隆三接見其禮之者頻坤錯乾馬之象中爻艮綜震震爲蕃蕃之象庶者衆也坤爲衆庶之象蕃庶者言所錫之馬衆多也晝日離之象離居三三之象艮爲手相接之象日者君也坤者臣也坤爲邑國日在地上照臨其邑國之侯有寵而錫馬三接之象易止有是象無是事如棟橈金車玉鉉之類

皆是也。諸儒不知象。乃以周官校人大行人實之。失象旨矣。

象曰晉進也明出地上順而麗乎大明柔進而上行是以康侯用錫馬蕃庶晝日三接也

釋卦名。又以卦象卦德卦綜釋卦辭。明出地上者。離日出于地之上也。順而麗乎大明者。坤順而附麗乎大明也。柔進而上行者。晉綜明夷。因二卦同體。文王綜爲一卦。故雜卦曰、晉、晝也。明夷、誅也。言明夷下卦之離。進而爲晉上卦之離也。若以人事論。明出地上。乃世道維新。治教休明之時也。順以臣言。大明以君言。順者、小心承順也。麗者、猶言攀龍鱗附鳳翼也。柔進而上行。則成虛中矣。是虛中下賢之君。而居于五之位也。上句以時言。中句以臣之德言。下句以君言。言爲康侯者。必際是時。備是德。遇是君。方得是寵也。

象曰明出地上晉君子以自昭明德

地乃陰土。譬之人欲之私。自者、我所本有也。日本明。入于地則暗矣。猶人之德本明。但溺于人欲之私則暗矣故自昭其明德亦猶日之出地也自昭者格物致知以去其蔽明之私誠意正心修身以踐其自昭之實也明德者即行道而有得于我者也天下無道外之德即五倫體之于身也此德塞乎天地橫乎四海如杲日當空人人得而見之故曰明非大學舊註虛靈不昧之謂也至健莫如天故君子以之自彊至明莫如日故君子以之自昭所以二象皆以自字言之

初六晉如摧如貞吉罔孚裕无咎 摧音崔

晋如者升進也崔者崔嵬之崔高也中爻艮山在坤土之上崔之象也四近君又陽爻故有崔如之象若以為摧如則與小象獨行正不相合矣依鄭為南山崔崔之崔是也貞者盡其在我不畔援苟且汲汲以求進也吉者終得遂其進也罔孚者二三不信之也中爻坎為狐疑不信之象也當升進之時衆人通欲進初卑下故二三不見信觀小象曰獨行正六三曰衆允可知矣裕者不以進退為欣戚從容以處之而我之自修者猶夫初也无咎

者不失其身也貞即下文罔孚裕无咎○初六以陰居下當升進之時而應近君之四故有晉如摧如之象占者守正則吉矣設或不我見信不可急于求信惟寬裕以處之則可以无咎矣若求信之心切則不免枉道失身安得无咎此所以利貞則吉也

象曰晉如摧如獨行正也裕无咎未受命也

獨行者獨進也中爻艮綜震足行之象也正者應與之正道也言升進之時四陽在上近乎其君赫

赫崔覲。初又卑下。衆人不進而初獨進之。似不可進矣。然四與初爲正應。進之亦正道也。未害其爲進也。未受命者。離日在上。未受君王之命也。未受命。則無官守。所以得綽綽有餘裕。應四未應五。故曰未受命。六二曰受茲介福于王母。二受字相同。中爻艮爲手。有授受之象。故文王卦辭曰接。初二爻皆言受。皆有手象。

六二晉如愁如。貞吉。受茲介福於其王母。

中爻坎爲加憂。爲心病。愁之象也。其所以愁者。四乃大臣中鼫鼠之小人也。近君而據下三爻升進之路。二欲升進無應援。五陰柔。二愁五之不斷。四邪僻。二愁四之見害。此其所以愁也。貞者、中正之德也。初六之貞。未有貞而勉之也。六二之貞。因其本有而教以守之也。吉者、中正之德。久而必彰。上之人。自當求之。下文所言受介福于王母是也。介者、大也。受介福者。應六五。五大明之君。因其同德而任用之。加之以寵祿也。王母者、六五也。離爲日。王之象也。離爲中女。母之象也。○六二中正。上無應

援故有欲進而愁之象占者如是而能守正則吉

而受福矣

象曰受茲介福以中正也

以中正者以六二有此中正之德也八卦正位坤

在二所以受介福詳見雜說

六三衆允悔亡

坤爲衆衆之象也允者信也初剛孚未允也二愁

如猶恐未允也三則允矣悔亡者亡其不中正之

悔也○六三不中正當欲進之時宜衆所不信而

有悔矣。然所居之地近乎離明。又順體之極。有順上向明之志。則所謂不中正者。皆因親近其大明而中正矣。是以衆皆信之。同下二陰上進。故有衆允之象。而占者則悔亡也。

象曰。衆允之志。上行也。

上者大明也。上行者、上順麗于大明也。上從大明之君。衆志之所同也。

九四。晉如鼫鼠。貞厲。鼫音石市亦切

鼫鼠。廣韻以爲螻蛄、則非鼠矣。玉篇以爲形大如鼠頭似兔尾有毛青黄色則又鼠之異者也蔡邕以爲五技鼠能飛不能過屋能緣不能窮木能遊不能度谷能穴不能掩身能走不能先人則飛鼠也郭景純以爲形大如鼠好在田中食粟豆則田鼠也廣韻鼫字與碩字同一類二字從石皆音石詩碩鼠刺貪碩大也陽大陰小此爻陽故爲大鼠即詩之碩鼠無疑矣中爻艮變爻亦艮鼠之象也鼠竊人之物然晝則伏藏夜則走動蓋不敢見日而畏人者也離爲日晉者晝也鼠豈能見之哉但

當進之時見衆人俱進彼亦同進不復畏其晝矣貞者當進之時九四晉如非不正也○九四不中不正當晉之時竊近君之位居三陰之上上而畏六五大明之知下而畏三陰羣小之忌故有鼫鼠日下惟恐人見之象占者如是雖正亦危矣

象曰鼫鼠貞厲位不當也

位不當者不中不正也

六五悔亡失得勿恤往吉无不利

恤者憂也中爻坎爲加憂憂恤之象也五變則中爻

不成坎。故不憂而勿恤矣。火無定體。倏然而活。倏然而沒。失得其常事也。凡易中遇離或錯離或中爻離。皆言失得二字。如比卦九五錯離曰失前禽。隨卦六三變離曰失小子。隨有求得。噬嗑九四曰得金矢。六五曰得黃金。坎卦錯離。六二曰求小得。明夷九三曰得其大首。解卦九二錯離曰得黃矢。鼎卦初六曰得妾。震卦六二。變中爻爲離曰七日得。漸卦中爻離六四曰得其桷。豐卦六二曰得疑疾。旅九四曰得資斧。巽上九變坎錯離曰喪其資爻得失得喪皆一意也既濟六二曰七日得未濟上九曰失是則或失或得不以爲事者乃離之本有也非戒辭也本卦以象論日出地上乃朝日也非日中之昃以德論居大明之中而下順從之以卦變論爲飛龍在天之君六爻獨此爻善所以小象曰往有慶也悔亡者中以行正也失得勿恤者虛中則廓然太公不以失得累其心也故吉无不利○六五柔中爲自昭明德之主天下臣民莫不順而麗之是以事皆悔亡而心則不累于得失持

此以往蓋吉而无不利者也○占者有是德○斯應是占矣○

象曰失得勿恤往有慶也

往有慶○即吉无不利○

上九晉其角維用伐邑厲吉无咎貞吝

晉其角○與姤其角同○晉極明終○日已晚矣○角在首之上○晉其角○言欲進而前無其地矣○甚言其前無所進也○維者維繫也○繫戀其三之陰私也○陽繫戀乎陰私○皆不光明之事○所以孔子小象但陽比于

陰者皆曰未光。離爲戈兵。坤爲衆。此爻變震。震衆入戈兵震動。伐邑之象也。故離卦上九變震。亦曰王用出征。邑即內卦坤之陰土也。詳見謙卦。伐邑即同人伏戎于莽之意。凡易經爻辭無此事而有此象。如此類者甚多。厲吉无咎者。言其理也。言邑若理可以伐。雖危厲亦吉而无咎也。吉无咎。即下文之貞也。貞吝者、言雖當伐。亦可羞也。○上九明已極矣。又當晉之終。前無所進。此心惟繫戀乎三爻所應之陰私而已。故有晉其角。維用伐邑之象。夫是推原所以蓋進之極。所未光也。然有所成功孫羸則失志。故不免得高而不无悔也。夫五同。

繫戀其私以伐邑。其道本不光明。然理若可伐而伐之。事雖危厲亦吉而无咎。但前無所進。既不能成康侯光明之業。反繫戀其私以伐邑。雖邑所當伐。其事故貞。亦可羞矣。安得吉而无咎哉。故戒占者以此。

象曰維用伐邑道未光也

此爻變震下。乃順體。陰陽相應。性順情動。豈有光明之事。

䷣ 離下坤上

夷者傷也。爲卦坤上離下。日入地中。明見其傷。與晉相綜。故曰明夷。序卦晉者進也。進而不已。必有所傷。理之常也。所以次晉。

明夷利艱貞

艱貞者。艱難委曲以守其貞也。蓋暗主在上。去之則忘國。又有宗國同姓不可去者。比之則失身。又當守正。然明白直遂守正。又不免取禍。所以占者利艱貞以守正。而自晦其明也。

彖曰明入地中明夷內文明而外柔順以蒙大難文

王以之利艱貞晦其明也內難而能正其志箕子以之（艱乃旦反）

以卦象釋卦名。又以文王釋卦德。以箕子釋卦辭。內文明者、離也。外柔順者、坤也。此本卦之德也。蒙者、遭也。以蒙大難者。言以此德而遭此明傷之時也。文王以之者、言文王遭紂之囚。用此卦之德。所以內不失巳。外得免禍也。晦其明者、晦其明而不露也。大難關天下之難。內難一家之難。正其志者。不失其正也。不失其正。又不顯其正。是謂晦其明而利艱貞之義也○箕子爲紂近親○外而徉狂○內而明哲○是卽晦其明也○故曰箕子以之○大抵箕子之難○雖與文王同、其艱貞○然文王爲西伯○散宜生之徒以珍物美女獻于紂○而西伯卽出羑里矣○若箕子徉狂○則必要君知其真狂○左右國人亦知其真狂○再不識其徉狂○至牧野之師○誅君弔民○方釋箕子之囚○箕子逃之朝鮮○武王以朝鮮封之○因以洪範授于武王○人方知其不狂○則箕子艱貞難于文王多矣○故以艱貞係箕子之下○要之天命與周○故

文王之明夷處之易天命廢殷故箕子之明夷處
之難雖人爲實天意也文王箕子一而已矣
象曰明入地中明夷君子以涖衆用晦而明
坤爲衆故言涖衆用晦而明者不用明爲明用晦
爲明也言我本聰明睿知乃不顯其明若似不明
者以晦爲明此之謂用晦而明也若以晉明夷相
綜並論之地在下日在上明在外也君子以之則
絕去其人欲之私以自昭明德亦如日之極其高
明常升于萬物之上此修己之道當如是也地在

上日在下，明在內也。君子以之，則存其寬厚渾含之德。去其刻薄殘忍之私。以之蒞衆。如小過必赦。使人不求備。罪疑惟輕。脅從罔治之類皆是也。古之帝王冕而前旒以蔽其明。黈纊塞耳以蔽其聰。亦此意。此則居上之寬。治人者當如是也。故明夷之大象曰。蒞衆用晦而明。修己治人。二卦之象盡之矣。

初九明夷于飛垂其翼君子于行三日不食有攸往主人有言

明夷于飛者、傷其飛之翼也。垂其翼者。其翼見傷而垂嚲也。離爲雉。鳥之象也。此爻變艮。獨一陽在中。卦之中爲鳥身。初與六上下爲翼。故小過初六曰飛。上六亦曰飛。皆以翼言也。此爻居初。故曰垂翼也。垂其翼。而猶能飛。則傷亦未太重矣。三日不食者。離居三。三之象也。離爲日。三日之象也。離中虛。又爲大腹。空腹不食之象也。于行者、方見幾而欲行也。不食者、自悲其見傷而不食也。此爻舊指伯夷恥食周粟之事。有攸往者。于行而長往也。中爻震足行而長往之象也。主人者所適之主人。對君子之言也。有言者主人不相合。言語譏傷其君子也。外卦錯乾。乾爲言。有言之象也。象爲飛。占爲行爲往。象爲垂翼。占爲不食有言。象占俱分明。○初九陽明在下。當傷之時。故有飛而垂翼之象。占者不惟方行而有不食之厄。及長往而猶有言語之譏。此其時之所遭不可得而避者。安其義命可也。

象曰君子于行義不食也

義之所在。見幾而作。不食可也。

六二明夷夷于左股用拯馬壯吉

夷于左股。言傷之猶未在上體也。以去暗君。雖不如初之遠。然亦不得言近。故以足之上股象之。中爻爲震。震錯巽。股之象也。此爻變中爻爲兌。兌綜巽。亦股之象也。明夷象人身。故初二爲股。三四爲腹。五上爲首。股居下體。蓋以人身上下爲前後也。凡易中言左者。皆後字。詳見師卦並本卦六四。拯者。救也。此爻變乾爲健爲良馬。馬健壯之象也。言用健壯之馬以救之則吉矣。文王囚于羑里。夷于左股也。散宜生之徒。獻珍物美女。用拯馬壯也。脫羑里之囚。得專征伐吉也。○六二去暗主稍遠。故有傷下體左股之象。然二有中正之德。能速以救之則吉矣。故其象占如此。

象曰。六二之吉。順以則也。

順者。外柔順也。則者。法則也。言外雖柔順而內實文明有法則也。所以用拯馬壯也。因六二中正。故言順以則。

九三明夷于南狩得其大首不可疾貞

南狩者、去南方狩也。離爲火。居南方。南之象也。離爲戈兵。中交震動。戈兵震動。出征遠討之象也。大首者、元惡也。坤錯乾。乾爲首。首之象也。居天位。大首之象也。不可疾者。不可亟也。九三雖剛明臣也。上六雖昏暗君也。必遲遲以俟之。出于萬一不得已。如天命未絕。人心尚在。則一日之間猶爲君臣也。征者、伐暴救民。其事正也。故不可疾。惟在于貞。若亟亟以富天下爲心。是疾而不貞矣。○九三以陽剛居明體之上。而居于至暗之下。正與上六暗主爲應。故有向明除害。得其大首之象。然不可亟也。故有不可疾。惟主于貞之戒。占者有成湯文武之德。斯應是占矣。

象曰南狩之志乃大得也

志與有伊尹之志則可之志同。得天下有道。得其民也。得其民者。得其心也。故除殘去暴。必大得民心。不然以暴易暴。安能行南狩之志。

六四入于左腹獲明夷之心于出門庭

此爻指微子言。蓋初爻指伯夷。二爻指文王。三爻指武王。五爻指箕子。上六指紂。則此爻乃指微子無疑矣。左腹者微子乃紂同姓。左右腹心之臣也。坤爲腹。腹之象也。此爻變中爻爲巽。巽爲入。入之象也。因六四與上六同體。故以腹心言之。然必曰左腹者。右爲前。左爲後。今人言左遷。師卦六四左次是也。六四雖與上六同體。然六五近上六在前。六四又隔六五在後。是六五當入其右。而六四當入其左矣。故以左言之。坤爲黑。腹中乃黑暗幽隱之地也。心者、心意也。明夷者、紂也。明夷之心者。紂之心意也。出門庭者、遯去也。中爻震綜艮。艮爲門。門之象也。震足動。出門庭之象也。言微子終日在腹裏左邊。黑暗幽隱之中。已得明夷之心意。知其暴虐無道。必亡天下。不可輔矣。于是出門庭而歸周。書云、吾家耄遯于荒。又曰、我不顧行遯。正此爻之意也。〇六四陰柔得正。與上六同體。已于幽暗之中得其暴虐之心意。故有入腹獲心之象。于是出門庭而遯去矣。占者得此亦當遠去也。

象曰入于左腹獲心意也

凡人腹中心事難以知之。今入于左腹。已得其心意。知其不可輔矣。微子所以去也。

六五箕子之明夷利貞

六五居至闇之地。近至闇之君。然有柔中之德。晦其明而正其志。所以狎狂受辱也。居明夷如箕子。乃貞之至矣。故占者利于貞。諸爻以五爲君位。故周公以箕子二字明之。上六以登天二字明之。又凡三與上六爲正應。曰得其大首。皆欲人知上六之爲君也。易不可爲典要者以此。然周公爻辭必以上六爲君者何也。蓋九三明之極。惟武王可以當之。上六闇之極。惟紂可以當之。若六五有柔中之德。又非紂之所能當也。

象曰。箕子之貞。明不可息也

不可息者。耿耿不昧。常存而不息也。明不可息者。言明可晦。不可息。以其在內不露。所以爲貞也。

上六。不明晦。初登于天。後入于地

不明晦者。日落不明而晦也。初登于天者。日在地上也。後入于地者。日在地下也。本卦原是日在地下傷其明。名爲明夷。上六爲明夷之主。至此則明夷成矣。故復以明夷之本象言之。○上六以陰居坤土之極。昏闇之至者也。惟其昏闇之至。不明而晦。是以初則尊爲天子。居可傷人之勢。專以傷人之明爲事。終則自傷而墜厥命。欲爲匹夫而不可得矣。故有日落不明而晦。初雖登天。而後入地之象。其象如此。而占者可知矣。

象曰初登于天照四國也後入于地失則也

照四國以位言。言日居天上。能照四國。亦如人君高位。得傷人之勢也。失則以德言。言為人君止于仁。視民如傷者也。豈可以傷人為事哉。君以傷人為事。失其君之則矣。是以始而登天。以傷人。而終于自傷也。文王之順以則者。外柔順而內實文明。凡事通有法則。文王之所以興。紂之失則者。居坤順之極。而內實昏暗。凡事通失法則。紂之所以亡。故二六皆言則字。

周易集註卷之七　終

梁山來知德先生易經集註卷之八

平山後學崔華重訂　男巒岱[illegible]齊同校

䷤ 離下巽上

家人者一家之人也八卦正位巽在四離在二此卦巽以長女而位四離以中女而位二二四皆得八卦正位又九五六二內外各得其正皆家人之義也序卦夷者傷也傷乎外者必反于家故受之以家人所以次明夷

家人利女貞

言。占者利于先正其內也。以占者之身而言也。非
女之自貞也。蓋女貞乃家人之本。治家者之先務
正雖在女。而所以正之者則在丈夫。故曰利女貞。
彖曰家人女正位乎內男正位乎外男女正天地之
大義也家人有嚴君焉父母之謂也父父子子兄兄
弟弟夫夫婦婦而家道正正家而天下定矣
釋卦名卦辭而推言之。男女二字。一家之人盡之
矣。父母亦男女也。曰男女即卦名也。女正位乎內
男正位乎外。正即卦辭之貞也。本義上父初子之

說非也巽以五爲巽女之夫三爲離女之夫
亦非也惟依彖辭女正男正二句則卦名卦辭皆
在其中矣言女正位乎內男正位乎外男女正乃
天地間大道理原是如此所以利女貞嚴乃尊嚴
非嚴厲之嚴也尊無二上之意言一家父母爲尊
必父母尊嚴內外整肅如臣民之聽命于君然後
父尊子卑兄友弟恭夫制婦順各盡其道而後家
道正正家而天下定矣定天下係于一家豈可不
利女貞此推原所以當女貞之故

象曰風自火出家人君子以言有物而行有恒

風自火出者、火熾則炎上而風生也。自內而及外之意。知風自火出之象。則知風化之本。自家而出。而家之本。又自身出也。有物者、有實物也。言之不虛也。言孝則實能孝。言弟則實能弟也。有恒者、能恒久也。行之不變也。孝則終身孝。弟則終身弟也。言有物則言顧行。行有恒則行顧言。如此則身修家齊。風化自此出矣。

初九閑有家悔亡

閑者防也闌也其字从門从木木設于門所以防閑也又變艮艮爲門又爲止亦門闌止防之意也閑有家者閑一家之衆使其父父子子兄兄弟弟夫夫婦婦也○初九以離明陽剛處有家之始離明則有豫防先見之明陽剛則有整肅威如之吉故有閑其家之象以是而處家則有以潛消其一家之瀆亂而悔亡矣故其象占如此

象曰閑有家志未變也

九五爲男剛健得正六二爲女柔順得正在初之

時正志未變故易防閑也。

六二无攸遂在中饋貞吉

攸者所也。遂者專成也。无攸遂者言凡閫外之事。皆聽命于夫。無所專成也。饋者餉也。以所治之飲食而與人飲食也。饋食內事。故曰中饋。中爻坎。飲食之象也。言六二無所專成。惟中饋之事而已。自中饋之外。一無所專成也。〇六二柔順中正。女之正位乎內者也。故有此象。占者如是。貞則吉矣。

象曰六二之吉順以巽也。

順以巽者順從而卑巽乎九五之正應也。易小象言順以巽者三。蒙六五中爻爲順。變爻爲巽。漸六四變乾錯坤爲順。未變爲巽。本卦亦變乾錯坤爲順。應爻爲巽。三順以巽皆同。

九三家人嗃嗃悔厲吉婦子嘻嘻終吝 嗃呼落反

家人者、主乎一家之人也。惟此爻獨稱家人者。三當一卦之中。又介乎二陰之間。有夫道焉。蓋一家之主。方敢嗃嗃也。嗃嗃、嚴大之聲。嘻嘻、歎聲。婦者兒婦也。子者、兒子也。○九三過剛不中。爲衆人之主。故有嗃嗃之象。占者如是。不免近于傷恩。一時至於悔厲。然家道嚴肅。倫叙整齊。故漸趨于吉。夫曰嗃嗃者。以齊家之嚴而言也。若專以嗃嗃爲主。而無惻怛聯屬之情。使婦子不能堪而至有嘻歎悲怨之聲。則一家乖離。反失處家之節。不惟悔厲而終至於吝矣。因九三過剛。故又戒占者以此。

象曰家人嗃嗃未失也婦子嘻嘻失家節也

節者竹節也。不過之意。不過于威。不過于愛也。處家之道。當威愛並行。家人嗃嗃者威也。未失處家

之節也若主于威而無愛使婦子不能容則反失處家之節矣

六四富家大吉

巽爲近市利三倍富之象也又變乾爲金爲玉亦富之象也承乘應皆陽則上下内外皆富矣記曰父子篤兄弟睦夫婦和家之肥也肥字即富字因本卦六爻皆中正而吉所以說此富字亦因本爻有此象也若家庭之間不孝不弟無仁無義縱金玉滿堂將何爲哉然則周公之所謂富者必有所

指歸觀孔子小象之順在位可知矣○六以柔順之體而居四得正下三爻乃一家之人皆所管攝者也初能閑家二位乎內而主中饋三位乎外而治家之嚴家豈不富而四又以巽順保其所有惟享其富而已豈不大吉是以有富家之象而占者大吉也

象曰富家大吉順在位也

以柔順居八卦之正位故曰順在位見前八卦正位圖

九五王假有家勿恤吉假音格

假至也自古聖王未有不以修身正家爲本者所謂刑于寡妻至于兄弟以御于家邦是也有家即初之有家也然初之有家家道之始五之有家家道之成大意謂初閑有家二主中饋三治家嚴四巽順以保其家故皆吉然不免有憂恤而後吉也若王者至于有家不恤而知其吉矣蓋中爻坎憂恤之象此爻出于坎之外故勿恤○九五剛健中正臨于有家之上蓋身修家齊家正而天下治者

也。不憂而吉可知矣。故其占如此。

象曰王假有家交相愛也

交相愛者、彼此交愛其德也。五愛二之柔順中正足以助乎五。二愛五之剛健中正足以刑乎二。非如常人情欲之愛而已。以周家論之。以文王爲君以太姒爲妃。以王季爲父。以大任爲母。以武王爲子。以邑姜爲婦。以周公爲武王之弟。正所謂父父子子兄兄弟弟夫夫婦婦也。彼此皆有德。故交愛其德。非止二五之愛而已。孔子曰、無憂者其惟文

王叚惟其交相愛所以無憂悔

上九有孚威如終吉

一家之中禮勝則離寡恩者也樂勝則流寡威者也有孚則至誠惻怛聯屬一家之心而不至乖離威如則整齊嚴肅振作一家之事而不至瀆亂終吉者長久得吉也○上九以剛居上當家人之終故言正家長久之道不過此二者而已占者能誠信威嚴則終吉矣

象曰威如之吉反身之謂也

反身修身也如言有物行有恒正倫理篤恩義正衣冠尊瞻視凡反身整肅之類皆是也如是則不惡而嚴一家之人有不威之畏矣

䷥ 兌下離上

睽字從目目少睛也目主見故周公爻辭初曰見惡人三曰見輿曳上曰見豕負塗皆見字之意若從耳亦曰睽蓋耳聾之甚也睽乖異也爲卦上離下兌火炎上澤潤下二體相違睽之義也又中少二女同居志不同亦睽之義也序卦家道窮必乖

故受之以睽家道窮者教家之道理窮絕也無教家之道理則乖異矣所以次家人睽綜家人家人離之陰在二巽之陰在四皆得其正睽則兌之陰居三離之陰居五皆居陽位不得其正不正則家道窮故曰家道窮必乖故受之以睽

睽小事吉

彖辭明

彖曰睽火動而上澤動而下二女同居其志不同行說而麗乎明柔進而上行得中而應乎剛是以小事

吉天地睽而其事同也男女睽而其志通也萬物睽而其事類也睽之時用大矣哉

以卦象卦德卦綜卦體釋卦名卦辭。極言其理而贊之。火燥炎上。澤濕就下。物性本然之睽。中女配坎、少女配艮、人情必然之睽、故名睽。兌說離明、說麗乎明也。柔進而上行者、睽綜家人二卦同體。文王綜爲一卦。故離卦曰睽外也。家人內也。言家人下卦之離。進而爲睽之上卦。六得乎五之中。而下應乎九三之剛也。三者皆柔之所爲。柔本不能濟事。又當睽乖之時，何由得小事吉？然說麗明則有德。進乎五則有位。應乎剛則有輔。因有此三者。是以小事吉也。事同者、知始作成。化育之事同也。志通者、夫唱婦隨。交感之情通也。事類者、聲應氣求。感應之機類也。天地不睽。不能成造化。男女不睽。不能成人道。萬物不睽。不能成物類。此其時用所以大也。與坎蹇同。

象曰：上火下澤睽。君子以同而異。

同者理。異者事。天下無不同之理。而有不同之事。

異其事而同其理所以同而異如禹稷顏回同道而出處異微子比干箕子同仁而去就死生異是也彖辭言異而同象辭言同而異此所以爲聖人之言也

初九悔亡喪馬勿逐自復見惡人无咎喪息浪反

喪者喪去也中爻坎爲亟心之馬馬亟心倏然喪去喪馬之象也勿逐自復者不追逐而自還也兌爲悅體凡易中言兌者皆勿逐自復如震之六二變兌亦勿逐七日得既濟六二變兌亦勿逐七日

得是也坎爲盜惡人之象也中爻應爻離持戈兵亦惡人之象也故大有初爻曰無交害二爻曰小人害也曰小人則指離矣見惡人者惡人來而我即見之不以惡人而拒絕也離爲目見之象也○初九當睽乖之時上無應與相援若有悔矣然陽剛得正故占者悔亡但時正當睽不可强求人之必合故必去者不追惟聽其自還來者不拒雖惡人亦見之此善于處睽者也能如是則悔亡而无咎矣故又教占者占中之象如此

象曰見惡人以辟咎也辟音避

當睽之時行動即有咎病故惡人亦不拒絕而見之者所以避咎也咎即睽乖之咎

九二遇主于巷无咎

遇者相逢也詳見噬嗑六三遇毒巷有二街巷也里巷也兌錯艮艮為徑路里巷之象也應爻離中虛街巷之象也離為日主之象也當睽之時君臣相求必欲拘堂陛之常分則賢者無自而進矣遇主于巷者言不在廊廟之上而在于巷道之中如

鄧禹諸臣之遇光武是也○九二以剛中而居悅體。上應六五。六五正當人心睽乖之時。柔務已甚。欲思賢明之人以輔之。二以悅體兩情相合。正所謂得中而應乎剛也。故有遇主于巷之象。占者得此。睽而得合矣。故无咎。

象曰遇主于巷未失道也

本卦離爲戈兵。中爻離亦爲戈兵。兌爲毀折。中爻又爲坎陷。言君臣相遇于巷。豈不失道哉。然當天下睽乖之時。外而前有戈兵。後有戈兵。中原坎陷。

內而主又柔弱。國勢毀折。分崩離析。正危迫之秋。非但君擇臣。臣亦擇君之時也。得一豪傑之士。即足以濟睽矣。況又正應乎。聖人見得有此象。所以周公許其无咎。孔子許其未失道也。所以易經要玩象。

六三見輿曳。其牛掣。其人天且劓。无初有終。掣音徹 劓魚器反

上卦離。爲目。見之象也。見者。六三與上九並見之也。又爲牛。牛之象也。中爻坎。輿之象也。曳之象也。曳者。拖也、引也。掣者、挽也。兌錯艮。爲手。挽之象也。

其人天者指六三與上九也六三陰也居人位故
曰人上九陽也居天位故曰天周公爻辭之玄至
此錯艮又爲鼻鼻之象也刑割去鼻曰劓鼻之上
有戈兵劓之象也艮又爲閽寺刑人不曰閽寺而
曰劓者戈兵之形在卦之上體也若閽寺則在下
體矣然非真割鼻也鼻者通氣出入之物六三上
九本乃正應見其曳掣怒氣之發如割鼻然故取
此象且者未定之辭言非真割鼻也大意言車前
必有牛六三在車中後二曳其車前四掣其牛所

以上九見之而發怒也。此正所謂无初也。此皆本爻自有之象。易惟有此象無此事。如入于左腹之類是也。後儒不悟象。所以將此等險辭通鶻突放過去了。○六三不中不正。上應上九。欲與之合。然當睽乖之時。承乘皆不正之陽。亦欲與之相合。曳掣不能行。上下正應見其曳掣不勝其怒。故有此象。然陰陽正應。初雖睽乖而終得合也。故其象占如此。

象曰見輿曳位不當也无初有終遇剛也

陰居陽位。故不當。遇剛者。遇上九也。

九四。睽孤。遇元夫。交孚。厲无咎。

元者。大也。夫者。人也。陽爲大人。陰爲小人。指初爲大人也。交孚者。同德相信也。厲者。兢兢然危心以處之。惟恐交孚之不至也。○九四以陽剛當睽之時。左右之鄰。皆陰柔之小人。孤立而無助者也。故有睽孤之象。然性本離明。知初九爲大人君子。與之同德相信。故又有遇元夫交孚之象。然必危心以處之。方可无咎。故又教占者如此。

象曰交孚无咎志行也

志行者二陽同德而相與濟睽之志行也○蓋睽者乖之極○孤者睽之極○二德交孚○則睽者可合○孤者有朋○志可行而難可濟○不特无咎而已也○

六五悔亡厥宗噬膚往何咎

宗字、詳見同人六二○噬膚、詳見噬嗑六二○言相合甚易○如噬膚之柔脆也○九二遇主于巷曰主者、尊之也○六五厥宗噬膚曰宗者、親之也○臣尊其君○君親其臣○豈不足以濟天下之睽○○六五當睽之時○

以柔居尊宜有悔矣然質本文明柔進上行有柔中之德下應剛中之賢而虛已下賢之心甚篤故悔可亡有厥宗噬膚之象惟其合之甚易所以悔亡也占者以是而往睽可濟矣故无咎也

象曰厥宗噬膚往有慶也

往則可以濟睽故有慶

上九睽孤見豕負塗載鬼一車先張之弧後說之弧匪寇婚媾往遇雨則吉 說吐活反

九四之孤以人而孤也因左右皆陰爻也上九之

孤自孤也。因猜疑而孤也。見者、上九自見之而疑也。負者背也。塗者、泥也。離錯坎。坎為豕。又為水。豕負塗之象也。坎為隱伏。載鬼之象也。又為弓。又為狐疑。張弓說弓。心狐疑不定之象也。變震為歸妹。男悅女。女悅男。婚媾之象也。寇指九二九四。又坎為雨。雨之象也。遇雨者。遇六三也。雨則三之象也。三居澤之上乃雨也。○上九以陽剛處明終睽極之地。猜疑難合。故為睽孤。與六三本為正應。始見六三輿曳牛掣。乃疑其為豕。又疑其非豕而乃鬼。

方欲張弓射之又疑其非鬼乃脫弓而近于前乃六三也使非二四之寇上則早與六三成其婚媾矣始雖睽孤終而群疑亡又復相合故有此象往遇雨又婚媾之象也占者凡事必如是則吉

象曰遇雨之吉羣疑亡也

惟羣疑亡所以遇雨吉

䷦ 艮下坎上

蹇難也爲卦艮下坎上坎險艮止險在前見險而止不能前進蹇之義也序卦睽者乖也乖必有難

故受之以蹇。所以次睽。

蹇利西南不利東北利見大人貞吉

蹇難在東北。文王圓圖艮坎皆在東北也。若西南則無難矣。所以利西南。大人者、九五也。舊註坤方體順而易。艮方體止而險。又云西南平易東北險阻。皆始于王弼。弼曰、西南為地。東北為山。後儒從之。遂生此説。而不知文王卦辭乃與解卦相綜也。

彖曰蹇難也險在前也見險而能止知矣哉蹇利西南往得中也不利東北其道窮也利見大人往有功

也當位貞吉以正邦也蹇之時用大矣哉難乃旦反知音智

以卦德卦綜卦體釋卦名卦辭而賛之。難者行不進之義也。坎之德爲險。居卦之前。不可前進。此所以名爲蹇也。然艮止在後。止之而不冒其險。明哲保身者也。不其智哉。往得中者。蹇綜解。二卦同體文王綜爲一卦。故雜卦曰。解緩也。蹇難也。言解下卦之坎。往而爲蹇上卦之坎。所以九五得其中也。訟卦剛來而得中者。坎自需上卦來。故曰來。此卦解自下卦往。故曰往。其道窮者。解上卦之震下而爲蹇下卦之艮也。蹇難在東北。今下于東北。又艮止不行。所以其道窮。文王圓圖東北居圓圖之下。西南居圓圖之上。故往而上者則入西南之境矣。故往得中。來而下者。則入東北之境矣。故其道窮。往有功之往。即往得中之往。故利見九五之大人。則往有功。當位者、陽剛皆當其位也。八卦正位坎在五。艮在三。今二卦陽剛皆得正位。有貞之義。故貞吉。漸卦巽艮男女皆得正位。故彖辭同。若以人事論。往得中者是所往得其地。據形勝而得所安也若非其地其道窮矣往有功者所依得其人也蓋陽剛中正以居尊位則其德足以聯屬天下之心其勢足以汲引天下之士故往有功正邦者所處得其正正則行一不義殺一不辜而不爲所以能明信義于天下而邦其底定矣有此三者方可濟蹇故歎其時用之大與坎睽同

象曰山上有水蹇君子以反身修德

山上有水爲山所阻不得施行蹇之象也君子以行有不得者乃此身之蹇也若怨天尤人安能濟

其蹇。惟反身修德。則誠能動物。家邦必達矣。此善于濟此身之蹇者也。

初六往蹇來譽

往來者、進退二字也。本卦蹇字從足。艮綜震。震爲足。故諸爻皆以往來言之。譽者、有智矣哉之譽也。往以坎言。上進則爲往。入于坎矣。來以艮言。不進則爲來。艮而止矣。○六非濟蹇之才。初非濟蹇之位。故有進而往則冒其蹇。退而來則來其譽之象。占者遇此亦當有待也。

象曰往蹇來譽宜待也
待者待其時之可進也
六二王臣蹇蹇匪躬之故
王者五也臣者二也外卦之坎王之蹇也中爻之坎臣之蹇也因二五在兩坎之中故以兩蹇字言之六二艮體有不獲其身之象故言匪躬匪躬者不有其身也言王臣皆在坎陷之中蹇而又蹇不能濟其蹇六二不有其身者因此蹇蹇之故也張巡許遠此爻近之○六二當國家蹇難之時主憂

臣辱。故有王臣蹇蹇之象。然六二柔順中正。蓋事君能致其身者也。故又有匪躬之象。占者得此。成敗利鈍。非所論矣。

象曰。王臣蹇蹇。終无尤也。

力雖不濟。心已捐生。有何所尤。初六以不往爲有譽。六二以匪躬爲无尤。有位無位之間耳。

九三。往蹇來反。

來反者。來反而比于二也。此爻變坤爲水地比。來反者。親比于人之象也。六二忠貞之臣。但其才柔不能濟蹇蹇而又蹇患剛明之人以協助之乃其本心所以喜其反也○九三陽剛得正當蹇之時與上六爲正應但爲五所隔故來反而比于同體之二三則資其二之巽順二則資其三之剛明可以成濟蹇之功矣故有往則蹇而來反之象占者得此亦宜反也

象曰往蹇來反內喜之也

內者內卦之二也二之陰樂于從陽故喜之

六四往蹇來連

連者相連也。許遠當祿山之亂。乃對張巡曰。君才十倍于遠。由是帷帳之謀一斷于巡。此六四之來連者也。六二喜之者。內之兄弟喜其己之有助也。六四連之者。外之朋友喜其人之有才也。○六四近君當濟蹇矣。但六四以陰柔之才。無撥亂興衰之畧。于是來連于九三。合力以濟。故其象如此。占者凡事親賢而後可。

象曰。往蹇來連。當位實也。

陽實陰虛。實指九三。與獨遠實之實同。當位實者言九三得八卦之正位。實當其位也。陽剛得其正位。則才足以有爲可以濟蹇矣。

九五大蹇朋來

陽大陰小。大者陽也。即九五也。言九五之君蹇也。朋指三。即九五同德之陽。三與五同功異位者也。上六來碩。應乎三者也。六四來連。比乎三者也。三有剛實之才。惟三可以濟蹇。然三與五非比非應。不能從乎其五。惟二與五應。乃君臣同其患難者。餘四爻則不當其責者也。朋來合乎二以濟蹇。則諸爻皆共濟其蹇矣。自下而上曰往。自上而下曰來。今曰朋來。則知六四三皆來合乎二也。朋來之來。卽來反之來。此爻變坤。坤爲衆。朋之象也。自本爻言之。所謂當位貞吉。以正邦也。自上下諸爻言之。所謂利見大人。往有功也。所以大蹇朋來。○九五居尊。有陽剛中正之德。當蹇難之時。下應六二。六二固匪躬矣。而爲三者又來反乎二。而濟蹇。三之朋既來。則凡應乎朋而來。碩比乎朋而來連。皆翕然並至。以共濟其蹇矣。故有大蹇朋來之象。占者有是德方應是占也。

象曰大蹇朋來以中節也

　中者、中德也。節卽剛健中正之德也。節者、節制也。言爲五者有剛健之中德。足以聯屬之。有九五之尊位。足以節制之。所以大蹇朋來也。

上六往蹇來碩吉利見大人

　碩者大也。陽大陰小。故言大。不言大而言碩者。九五已有大字矣。來碩者、來就三也。吉者、諸爻皆未能濟蹇。此獨能濟也。見大人者、見九五也。○上六才柔未能濟蹇且居卦極往無所之益以蹇耳九三乃陽剛當位衆志之所樂從者反而就之則可以共濟其蹇矣何吉如之若此者非因人成事也以九五大人之君方在蹇中上與三利見之共濟其蹇則往有功矣此其所以吉也故占者來碩則吉而見大人則利也若舊註來就九五則見大人爲重復矣且小象曰志在内也若就九五則志在外卦不在内卦矣

象曰往蹇來碩志在内也利見大人以從貴也

内指九二。對外卦而言。則曰內貴指九五。對下賤而言。則曰貴。志內所以尚賢。從貴所以嚴分。

䷧ 坎下震上

解者。難之散也。居險能動。則出于險之外矣。解之象也。又雷雨交作。陰陽和暢。百物解散。亦解之象也。序卦蹇者。難也。物不可以終難。故受之以解。所以次蹇。

解利西南。无所往。其來復吉。有攸往夙吉。解佳買反

夙早也。此教占者之辭。言解利西南。當往西南。若

不往來復于東北之地亦吉○但往西南則早得吉○不然來復于東北之地雖吉○不若西南之早矣○解與蹇相綜○解即解蹇難○故文王有此辭○无所往者○蹇下卦乃艮止○止則不往○所以无所往也○前儒不知文王序卦○所以註蹇解二卦不成其說○

彖曰解險以動動而免乎險解解利西南往得衆也其來復吉乃得中也有攸往夙吉往有功也天地解而雷雨作雷雨作而百果草木皆甲拆解之時大矣哉

以卦德卦綜釋卦名卦辭又極言而贊之險之爲物見天則訟見澤則困見山則蹇在外卦則屯惟坎險在內震動在外是動而出乎險之外得以免于險難所以名解也自下而上曰往自上而下曰來往得衆者解綜蹇蹇下卦之艮往而爲解上卦之震也震二爻皆坤土坤爲衆故得衆也得中者蹇上卦之坎來而爲解下卦之坎也九二得中與訟卦剛來而得中同故蹇坎往上曰得中解坎來下曰得中也往有功即上文得衆也得衆故有功

來復東北。止得中而已。往西南則得衆有功。所以早吉也。天地解者。雨出于天。雷出于地也。窮冬之時。陰陽固結不通。所以雷不隨雨。及至陰陽交泰。則氣解而雷雨交作。由是形隨氣解。而百果草木皆甲拆矣。甲者萌甲。拆者拆開。解之時旣至。天地不能閉之。而使不解。則天地之所以成化功者。此解也。皆此解之時也。所以爲大。

象曰。雷雨作解。君子以赦過宥罪。

赦過宥罪。君子之用刑。原當如此。非因大難方解之後當如此也無心失理之謂過恕其不及而赦之不問有心爲惡之謂罪矜其無知而宥之從輕雷雨交作天地以之解萬物之屯赦過宥罪君子以之解萬民之難此正雜卦解緩之意

初六无咎

難既解矣六以柔在下而上有剛明者爲正應以濟其不及无咎之道也故其占如此

象曰剛柔之際義无咎也

剛柔際者剛柔相交際也方解之初宜安靜以休

息。六之柔。四之剛。交相爲用。則不過剛。不過柔。而所。事皆得宜矣。故于義无咎。

九二田獲三狐得黄矢貞吉

坎爲狐。狐之象也。坎爲弓。矢之象也。中爻離。離居三。三之象也。又爲戈兵。戈兵震動田之象也。變坤。坤爲黄。黄之象也。狐媚物。小人之象。黄中色。矢直物。中直者君子之象。即六五爻所言君子小人。○九二陽剛得中。上應六五。爲之信任。于國家大難方解之後。蓋有舉直錯枉之權。退小人而進君子。

者也。故能去邪媚得中直。有田獲三狐得黄矢之象。正而且吉之道也。故其占如此。

象曰九二貞吉得中道也

居中而得中道也。

六三負且乘致寇至貞吝

坎爲輿。三居上。乘之象也。又爲盜寇之象也。負者小人之事。輿者君子之器。此二句雖孔子據理之言。然亦本卦象之所有者。蓋三負四乘二。四不中不正。乃小人也。二得中。乃君子也。貞者位乃君所與故正也、負且乘。固無以正得之之理。如漢文帝寵鄧通。擢爲太中大夫。此負且乘也。天子所擢。豈不爲正。後景帝時下吏。是寇之至也。此之謂貞而吝。○六三陰柔不中不正。而乃居下之上。是小人竊高位而終必失之者也。故有負乘致寇之象。占者得此。雖正亦可羞也。

象曰負且乘亦可醜也自我致戎又誰咎也

誰咎者。言我之咎也。非人之咎也。同人又誰咎也。言人誰有咎我者也。節又誰咎也。言無所歸咎于人也與節小異。

九四解而拇朋至斯孚

而者汝也。震爲足、拇居足下。三居震之下。拇之象也。二與四同功。皆有陽剛之德。故曰朋。解而拇占中之象也。若舊註以初爲拇。則剛柔之際。義无咎不當解者也。惟負乘之小人。則當解之矣。○二與四爲同德之朋。當國家解難之時。四居近君之位。當大臣之任。而二爲五之正應。則四與二皆同朝君子之朋也。但四比于三。間于負乘之小人。則君于之朋安得而至。惟解去其小人。則君子之朋自至而孚信矣。故戒占者必如此。

象曰解而拇未當位也

以陽居陰。故未當位。惟未當位。故有解拇之戒。

六五君子維有解吉有孚于小人

維者繫也。文王坎卦有孚維心。此卦上坎下坎。故亦用此維字。孚字。君子者四與二也。吉者、君子用事。小人遠退。何吉如之。孚者、信也。言信于小人。而小人自退也。○本卦四陰。六五。以陰居尊。而三陰從之乃宦官宫妾外戚之類也然六五近比于四爻與九二爲正應皆陽剛之君子也六五若虛中下賢此心能維繫之則凡同類之陰皆其所解矣所以吉也何也蓋君子用事自能孚信于小人而小人自退矣此其所以有解而吉也故教占者必如此

象曰君子有解小人退也

君子維而有解則小人不必逐之而自退矣

上六公用射隼于高墉之上獲之无不利 隼思尹切

上高而無位。公也。隼、祝鳩也。鷙屬。鷙鳥之害物者也。震爲鵠。變爻爲雉。鳥之象也。坎爲弓。居下卦。自下射上之象也。震錯巽。高之象也。墉者、墻也。高墉者。王宮之墻也。變離。外闈中空。近于六五之君。高墉之象也。故泰卦上六亦曰城。九二地位。故曰田。狐則地之走者也。上六天位。故曰高。隼則天之飛者也。獲之者。獲其隼也。隼棲于山林。人皆得而射之。惟棲于王宮高墉之上。則如城狐社鼠。有所憑依。人不敢射矣。蓋六五之小人乃宦官宮妾。上六之隼則外戚之小人王莽之類是也○上六柔順得正而居尊位當動極解終之時蓋能去有所憑依之小人者也故有公用射隼于高墉而獲之象占者得此則小人悖逆之大患解之已盡矣故无不利

象曰公用射隼以解悖也

以下叛上謂之悖王莽是也繫辭別是孔子發未盡之意與此不同

䷨ 兌下艮上

損者減損也。其卦損下剛卦。益上柔卦。此損之義也。又澤深山高。損其深以增其高。此損之象也。序卦解者緩也。緩。必。有。所。失。故。受。之。以。損。所以次解。

損有孚元吉无咎可貞利有攸往曷之用二簋可用享

有孚者言損不可聲音笑貌爲之。必當至誠也。凡曰損本拂人情之事。或過或不及。或不當其時。皆非合正理而有孚也。非有孚則不吉有咎。非可貞之道。不能攸往矣。惟有孚則元吉也。无咎也。可貞也利有攸往也有是四善矣曷之用者言何以用損也若問辭也二簋至薄亦可亨于鬼神若答辭也亨鬼神當豐不當損曰可用亨言當損時至薄亦無害也

彖曰損損下益上其道上行損而有孚元吉无咎可貞利有攸往曷之用二簋可用亨二簋應有時損剛益柔有時損益盈虛與時偕行

以卦綜釋卦名卦辭本卦綜益卦二卦同體文王綜爲一卦故雜卦曰損益盛衰之始也益卦柔卦

居上。剛卦居下。損下益上者。損益下卦之震上行居損卦之上而爲艮也。故其道上行。如言柔進而上行也。若以人事論。乃剝民奉上。民既貧矣。君不能以獨富。是上下俱損矣。故名損。時者理之當然。勢之不得不然者也。言文王之所謂二簋可用享者。非常道也。以其時當于損所以二簋也。本卦損下卦之剛。益上卦之柔。亦非常道也。以時當損下益上。所以損剛益柔也。蓋天下之理不過損益盈虛而已。物之盈者。盈而不已。其勢必至于消。消則損矣物之虛者虛而不已其勢必至于息息則益矣是以時當盈而損也不能逆時而使之益時當虛而益也不能逆時而使之損此皆物理之常亦因時而有損益耳文王之二簋可用享者亦時而已不然致孝鬼神當豐豈可損乎

象曰山下有澤損君子以懲忿窒欲

澤深山高損下以增高損之象也懲者戒也窒者塞也忿多生于怒心剛惡也突兀而出其高如山况多忿如少男乎故當戒欲多生于喜心柔惡也

浸淫而流。其深如水。況多欲如少女乎。故當塞。忿不懲必遷。怒。欲不窒必貳過。君子修身。所當損者莫切于此。

初九已事遄往无咎酌損之

已者、我也、本卦損剛益柔、損下益上、乃我之事也、即韓子莫憂世事兼身事之意、遄者速也、酌即損剛益柔有時時字之意、○本卦初剛四柔。當損初以益四。故有已事遄往之象。占者得此。固無咎矣。然損剛益柔有時。不可以驟損。必斟酌而後損也故許其无咎。而又戒之以此。

象曰已事遄往尚合志也

尚與上通。指四也。陰陽正應故合志。四之志欲損其疾。而初遄往。合其志也。

九二利貞征凶弗損益之

貞者、即九二之剛中也。中則正矣。利者、安中德以自守。未有不利者也。征者、不守其剛中之德而有所往也。凶者、六五君位。本卦性悅。此爻變震。以悅而動。必容悅以媚上。則流于不中不正矣。所以凶也。弗損者。弗損其剛中之德。即貞也。益者。即利也。蓋五雖柔而居剛。非不足。二雖剛而居柔。非有餘。所以損剛不能益柔也。初以剛居剛。且欲酌損。況二居柔乎。何以弗損而能益。二乃五之正應。爲臣者能爲正人君子。豈不有益于君。所以損則不益。弗損則能益也。○九二剛中。當損剛之時。志在自守弗損。貞之道也。故占者利于此貞。若失此貞而有所往則凶矣。蓋不變其所守。正以益上。故貞則利。而征則凶也。

象曰九二利貞中以爲志也

德以中爲美。志定則守斯定矣。二中以爲志。所以弗損益之。

六三三人行則損一人一人行則得其友

本卦綜益。二卦原是陰陽相配之卦。因損下益上。正在此爻。所以發此爻辭也。益卦下震三爲人位。人之象也。震爲足。行之象也。又爲大塗。行人之象也。中爻坤爲衆。爲衆友之象也。三人行者。益下卦三爻居于損之上三爻也。即彖辭其道上行也。損一人

者。損六三也。一人行卽六三也。六三行上而居四
也。三行上而居四。卽損下之三。而益上之四也。益
卦下三爻乃一陽二陰。今損一陰以居四。則陰陽
兩相配矣。居四以初爲正應。則得其友也。兩相得
則專。三則雜亂。三損其一者。損有餘也。兩也。一人
得友者。益不足也。兩也。天地間陰陽剛柔不過此
兩而已。故孔子繫辭復以天地男女發之。○本卦
綜益。損下益上。此爻正損益上下交接之爻。故有
此象。占者得此。凡事當致一。不可參以三而雜亂

也。

象曰一人行三則疑也

一人行得友而成兩。則陰陽配合而專一。若三則雜亂而疑矣。所以損其一也。

六四損其疾使遄有喜无咎

四變中爻爲坎。坎爲心病。疾之象也。遄卽初遄往之遄。初與四陰陽相合。當損下之時。初卽以爲巳之事而遄往矣。使其初果得遄往。則有喜矣。所以加一使字。兌悅在下。喜之象也。○六四陰柔得正。

與初九爲正應。賴其陽剛益已而損其疾。故有損其疾之象。使初能遄往。則四得損其疾而有喜矣。无咎之道也。故其象占如此。

象曰損其疾亦可喜也

賴初損疾。亦可喜矣。而況初之遄往哉。

六五或益之十朋之龜弗克違元吉

兩龜爲一朋。十朋之龜。大寶也。大象離龜之象也。十者土之成數。中爻坤十之象也。坤土兩兩相比。朋之象也。本卦錯咸。故咸九四亦曰朋從。綜益。益之六二即損之六五特顛倒耳故亦曰十朋兩象相同或者不期而至不知所從來也弗克違者雖欲違之而不可得也○六五當損之時柔順虛中以應九二蓋有下賢之實心受天下之益者也故有此象占者得此元吉可知然必有是德方有是應也

象曰六五元吉自上祐也

與大有天祐旅上逮同蓋皆五之虛中也

上九弗損益之无咎貞吉利有攸往得臣无家

居損之時。若用剛以損下。非爲上之道矣。安得无咎。安得正而吉。又安能行之而得人心也。今不損下而自益。是即益其下也。九二弗損益之。益其上。上九弗損益之益其下。所以大得志如此。得臣者、陽爲君。陰爲臣。三爲正應。得臣之象也。无家者、此爻變坤。有國無家之象也。故師卦上六坤變艮。則曰承家。此爻艮變坤。則曰無家可見矣。若以理論。乃國爾忘家。無自私家之心也。若用剛以損下。是自私而有家矣。○上九居損之終。則必變之以不損居艮之極則必止之以不損當損下益上之時而能弗損以益下。所以无咎也。正而吉也。利有攸往也。得臣无家也。占者有是德。方應是占矣。

象曰弗損益之大得志也

无咎。貞吉。利有攸往。得臣无家。豈不大得志。

䷩ 震下巽上

益與損相綜。益之震上而爲艮。則損下以益上。所以名損。損之艮下而爲震。則損上以益下。所以名益。序卦損而不已必益。故受之以益。所以次損。

益利有攸往利涉大川

利有攸往者。凡事無不利也。利涉大川者。言不惟利所往。可以處常。亦可以濟變。

彖曰益損上益下民說無疆自上下下其道大光利有攸往中正有慶利涉大川木道乃行益動而巽日進无疆天施地生其益无方凡益之道與時偕行下下二字上遐嫁反下如字

以卦綜釋卦名。以卦體卦象卦德釋卦辭而贊之。

損損上卦之艮。益益下卦而爲震也。民說无疆。就

損益所及之澤而言也益在民也其道大光就損
益所行之事而言也益在君也人君居九重之上
而能膏澤及于閭閻之民則其道與乾坤同其廣
大與日月同其光明何大光如之卦本損上然能
損上以益下則並上亦益矣民益君益所以名益
九五以中正位乎上而六二以中正應之是聖主
得賢臣而慶澤自流于天下矣所以利有攸往也
木道乃行者亦如中孚之舟虛乃風中之木故木
道乃行中孚渙皆風木且本卦象離錯坎亦有水

象。動而巽者。動則有奮發之勇。而不柔弱。巽則有順入之漸。而不鹵莽。所以德崇業廣。日進無疆。此以卦德言也。震乃剛卦爲天。天施者。初之陽也。巽乃柔卦爲地。地生者。四之陰也。天以一陽施于下。則天道下濟。而資其始。地以一陰升于上。則地道上行。而資其生。所以品物咸亨。而其益無方。此以卦體言也。時者。理之當其可也。言凡益之道。非理之本無。而勉强增益之也。乃理之當其可。而後增益也。如日日進無疆者。以人事當然之理而益也。

曰其益无方者以造化自然之理而益也理之所在當益而益是以自我益之改過遷善不嫌其多自人益之十朋之龜愈見其吉矣

象曰風雷益君子以見善則遷有過則改

風雷之勢交相助益益之道也善者天理也吾性之本有也過者人欲也吾性之本無也理欲相爲乘除去得一分人欲則存得一分天理人有善而遷從則過益寡已有過而速改則善益增即風雷之交相助益矣

初九利用爲大作元吉无咎

大作者厚事也如遷國大事之類是也故曰益以興利陽大陰小此爻陽故以大言之元吉以功言非論爻以效言也○初剛在下爲動之主當益之時受上之益者也六四近君與初爲正應而爲六四所信任以其有剛明之才故占者利用爲大作然位卑任重則有所不堪者必其所作之事周悉萬全爲經久之良圖至于元善方可无咎苟輕用敗事必負六四之信任矣故戒占者以此

象曰元吉无咎下不厚事也

下者下位也。厚事者大作也。初位卑，本不可以任厚事，豈能无咎。故必大善而後无咎也。

六二或益之十朋之龜弗克違永貞吉王用亨于帝吉

損之六五，即益之六二，以其相綜，特倒轉耳。故其象同。損受下之益，此則受上之益。十朋之龜者，寵錫優渥之象也。永貞吉者，必長永貞固守其虛中之德，而後可以常保其優渥之寵錫也。王用亨于帝者言永貞虛中之心必如人君之對越在天小心翼翼也此一句又永貞之象乃占中之象也帝出震齊巽本卦下震上巽帝之象也○六二當益之時虛中處下蓋精白一心以事君本無求益之心而自得君之寵益者也故有或益[illegible]朋之龜弗克違之象然爻位皆陰又戒以永貞必事君如事天而後可以受此益也故又有王用享于帝之象占者必如是方吉也

象曰或益之自外來也

言不知所從來也與上九自外來同二則吉來上則凶來

六三益之用凶事无咎有孚中行告公句用圭

凶者險阻盤錯也如使大將出師及使至海外之國豈不是凶三之爻位本凶說文云凶象地穿交陷其中中爻坤地震極未有不陷者凶之象也无咎者凶事乃上之所益三不得與焉所以無咎也有孚者誠信也中行者中道可行之事也凶事乃太過之事故以中言之告公者告于四也故六四

曰中行告公從。圭乃通信之物。祭祀朝聘用之所以達誠信也。六爻中虛有孚之象也。巽綜兌。兌爲口。告之象也。故夬外卦兌亦曰告自邑。泰卦中爻兌亦曰自邑告命。震爲玉。圭之象也。用圭乃有孚之象。又占中之象也。有孚以下乃聖人教占者開凶事之路也。○六三陰柔。不中不正。又居益下之極。然當益下之時。故有受上之益而用行凶事之象。占者得此可以无咎。若以陰柔不堪此凶事。必當有孚誠信。以中道可行之事告于公。如用圭通誠信焉庶乎凶事或可免也。故又有中行告公用圭之象。教占者必如此。

象曰益用凶事固有之也

固有之者。本有之也。言三之爻位多凶。則凶事乃三之本有也。孔子三多凶之句。本原于周公之爻辭。六十四卦惟謙卦三爻有吉字。餘皆無。故三多凶。

六四中行告公從利用爲依遷國為字去聲

中行告公者。即三爻以中道可行之事而告于四也。從者、巽性順從之象也。爲字去聲。凡遷國安民必爲其依而後遷。依者、依其形勝也。依形勝卽所以依民也。如漢高祖之徙長安。以其地阻三面可守。獨以一面東制諸侯。依其險而遷者也。國有所依、則不費其兵。不費其財。而民有所依矣。宋太祖亦欲徙長安。因晋王固諫。乃嘆曰、不出百年天下民力殫矣。以四面受敵。無所依也。故周公不曰利用遷國。而曰爲依遷國。中爻坤。國之象也。損益相綜。損卦艮之一陽。下而遷爲益之初。兌三之陰。上而遷爲益之四。遷之象也。九五坐于上而三陰兩列中空。如天府。前後一陽爲之藩屏。有所憑依。一統之象也。故利用爲依遷國。蓋遷國安民。乃益下中行之大事。則非凶事矣。故三告而四從也。○四陰得正。有益下之志。而又有益下之權者也。三乃受四之益者。若以中道可行之事告于四。而四從之。上下協謀。則利用爲依遷國。而凡事之可遷移者亦無不利也。故其象如此。占可知矣。

象曰。告公從。以益志也。

八卦正位巽在四。四以益下。爲志。故告公從。

九五有孚惠心勿問元吉有孚惠我德

惠者、即益下之惠也。心者、益下之心也。德者、益下之政也。二三皆受上之益者也。則益之權在四矣。下三比四有孚于四。以中行告四。四從之。五比四。有孚于四。四不必告五。五亦不必問四矣。下于上曰告。上于下曰問。蓋正位在四。知其必能惠下也。所以勿問也。故小象曰勿問之矣。巽爲命。綜兌爲口。中爻坤錯乾爲言。皆告問之象也。故三爻四爻五爻曰告曰問五爻變成艮矣艮止勿問之象也我者五自謂也元吉即有孚惠德也言四之惠者皆五之德也○九五陽德中正爲益下之主當益之時以益下之惠心有孚于四不必問而知其元吉矣何也蓋五孚于四五之心知四必能惠我之德也故有勿問之象而占者元吉

象曰有孚惠心勿問之矣惠我德大得志也

四之小象曰告公從五曰勿問之矣見告問二字爲重上下相聯屬也四曰以益志也五曰大得志

也。見四以益下爲志。而此則大得益下之志也。看六爻要留心小象。

上九莫益之或擊之立心勿恒凶

莫益者莫能益也。此爻與恒卦九三同。亦不恒其德者也。所以下句言勿恒。蓋巽爲進退不果。勿恒之象也。所以莫益也。又變坎爲盜。中爻艮爲手。大象離。爲戈兵。坎錯離。亦爲戈兵。盜賊手持戈兵擊之象也。此與蒙卦上九擊字相同。通是有此象。前儒不識象。止以理度之。就說求益不已。放于利而行多怨不奪不饜往往似此失易之旨。殊不知益卦不比損卦。損剛益柔有時。非恒常之道也。若益而不已。則日進無疆。其益無方。所以立心當恒。若不恒。不能益而不已則凶矣。○上九以陽剛居益之極。極則變。而不益矣。故有莫益或擊之象。所以然者。以其立心不恒也。若益民之心恒久不變。則民說無疆矣。安有擊之之凶哉。惟其立心不恒。所以占者凶。

象曰莫益之偏辭也或擊之自外來也

辭者，爻辭也。偏對正言，言非爻辭之正意也。正意在下句。言且莫言莫能益也，此非到底之辭，猶有擊之之者。此是正辭也。自外來與六二同，但分吉凶耳。

梁山來知德先生易經集註卷之九

平山後學崔華重訂　男繼山代山萬山齊同校

䷪乾下兌上

夬者決也。陽決陰也。三月之卦也。其卦乾下兌上。以二體論，水在天上，勢必及下，決之象也。以爻論，五陽長盛，一陰將消，亦決之象也。序卦益而不已必決，故受之以夬。所以次益。

夬揚于王庭孚號有厲告自邑不利即戎利有攸往

揚于王庭。孚號有厲。皆指上六小人。揚者得志放肆之意。干王庭、在君側也。五爲君。王之象也。兌錯艮爲門闕。庭之象也。故節卦中爻艮亦曰庭。六與三爲正應。故曰孚。兌爲口舌。號之象也。故上六陰消曰无號。六號呼其三與之孚。勢三在衆君子之中。不敢與之相交。則三亦危矣。故有厲也。此見小人難決也。蓋容悅小人在君之側。君聽信不疑。孚者且危厲。則不孚者可知矣。此所以難決也。告自邑者、告同類之陽也。如言告于本家之人也。乾錯坤。邑之象也。坤爲衆。又衆人之象也。乾爲言。告之象也。不即戎。不尚武勇也。言雖告于衆人。亦不合力以尚武勇也。方利有攸往。而小人可決矣。此正所謂決而和也。非舊註正名其罪相與合力也。若如此乃是即戎矣。

彖曰夬決也剛決柔也健而說決而和揚于王庭柔乘五剛也孚號有厲其危乃光也告自邑不利即戎所尚乃窮也利有攸往剛長乃終也說音悅長丁丈反

釋卦名卦辭。惟健則不怯以容其惡。惟說則不猛以激其變。健而說者德也。決而和者事也。一陰加于五陽之上。則君亦在下矣。又與君同體。又容悅豈不肆于王庭。三雖危。能舍正應而從君子。所以危而有光。君側之小人。豈可尚武勇。尚武勇世道亂矣。故尚則必窮。剛長陰自消矣。

象曰。澤上于天夬。君子以施祿及下。居德則忌

此象諸家泥滯。程朱潰決二字、所以皆說不通、殊不知孔子此二句、乃生于澤字。非生于夬字也。蓋夬乃三月之卦。正天子春來布德行惠之時。乃惠澤之澤。非水澤之澤也。天者、君也。祿者、澤之物也。

德者澤之善也。居者施之反也。紂鹿臺之財。居德也。周有大賚。施祿也。下句乃足上句之意。言澤在于君。當施其澤。不可居其澤也。居澤乃人君之所深忌者。

初九。壯于前趾。往不勝爲咎。

震爲足。本卦大象震。又變巽錯震。又居下。故以足趾言之。壯者。大壯也。四陽爲壯。五陽爲夬。前者。初居下而欲急進于四陽大壯之位。近九五以決上六。故不曰趾而曰前趾也。往者。往決上六也。既曰前又曰往則初九急進而決之之情見矣凡所謂咎者皆以其背于理而爲咎病也若君子之決小人非背于理也但不量力不能勝小人反爲小人所傷則爲咎也故曰不勝爲咎○初九當夬之時是以君子欲決小人者也但在下位卑又無應與恃剛而往故有此象其不勝小人可必矣故占者以不勝爲咎

象曰不勝而往咎也

言往之前已知其不勝小人矣不虞勝而決所以

咎也。

九二惕號莫夜有戎勿恤莫音暮

惕恤皆憂懼也。剛居柔地內而憂懼之象也。又變離錯坎爲加憂亦憂懼之象也。號呼衆人也。乾爲言外而呼號之象也。二爲地位離日在地下莫夜之象也。又離爲戈兵坎爲盜又爲夜又本卦大象震。莫夜盜賊戈兵震動莫夜有戎之象也。本卦五陽一連重剛有戎象。所以卦爻爻辭皆言戎非真有戎也。決小人之時喻言小人不測之禍也。狄仁傑拳拳以復盧陵王爲憂者惕也。密結五王者號也。卒能反周爲唐。是亦有戎勿恤矣。○九二當夬之時。以剛居柔。又得中道。故能憂惕號呼以自戒備。思慮周而黨與衆。是以莫夜有戎。變出于不測。亦可以無患矣。故教占者以此。

象曰有戎勿恤得中道也

得中道者。居二之中也。得中則不恃其剛。而能惕號不忘備戒。所以有戎勿恤。

九三壯于頄有凶君子夬夬獨行遇雨若濡有慍无

咎

頄音逵面顴也。乾爲首頄之象也。夬夬者以心言也。言去小人之心決而又決也。獨行者陽性上行。五陽獨此爻與上六爲正應。獨行之象也。上六陰爻又兌爲雨澤。雨之象也。濡者濕濡也。言九三合上六之小人而若爲所汚也。慍者見恨于同類之君子。而嗔其與小人合也。前儒不知此爻乃聖人爲占者設戒。又不知夬夬乃君子之心。故以爻辭爲差錯王允之于董卓。溫嶠之于王敦。此爻近之。

○九三當夬之時。以剛居剛。又與上六爲正應。聖人恐其不能決而和也。故爲占者設其戒曰。決去小人。若壯見于面目。則事未成而幾先露。反噬之凶不免矣。惟其決小人之心夬而又夬。而面目則不夬夬而與之相合。如獨行遇雨。有所濕濡。雖迹有可疑。不免爲君子所慍。然從容以觀其變。委曲以成其謀。終必能決小人也。占者能如是。可以免凶而無咎矣。

象曰君子夬夬終无咎也

心夬夬而面目相合是决而和矣所以終無咎

九四臀无膚其行次且牽羊悔亡聞言不信臀徒敦反次七私反且七餘反

人心出腹中之物皆在于臀臀字從殿殿者後也凡易中言臀者皆坎也坎爲溝瀆臀之象也故姤九三變坎曰臀困下卦坎初六曰臀此爻變坎亦曰臀乾一兊二爲膚詳見噬嗑此爻變坎則不成一二矣故无膚也兊爲毀折亦无膚之象也次且即趦趄二字行不進也惟其臀無膚所以行不進也兊爲羊羊之象也牽羊者牽連三陽而同進也

兌綜巽爲繩牽連之象也觀大壯六五乾陽在下曰喪羊則此牽羊可知其牽三陽矣乾爲言下三陽之言也乃前告自邑之言也變坎爲耳痛聞言不信之象也所以困卦亦有有言不信之句蓋變坎則情險性健乃傲物也故聞言不信○九四以陽居陰不中不正有臀无膚行不進而不能決小人之象然當決之時不容不決也故教占者能牽連下三陽以同進用人成事則可以亡其不進之悔但不中不正之人不樂聞君子之言度其雖言

之亦不信也。占者如是其有悔也必矣。

象曰其行次且位不當也聞言不信聰不明也

位不當者。不中正也。聰者、聽也。聽之不能明其理也。此原不信之由。位不當以位言。聽不明以變坎言。

九五莧陸夬夬句中行无咎

莧者莧菜也。諸菜秋冬皆可種。獨莧三月種之。夬三月之卦。故取象于莧。亦如瓜五月生。故姤取瓜象。陸者地也。地之高平曰陸。莧乃柔物。上六之象也。陸地所以生莧者。六乃陰土。陸之象也。莧陸夬夬者。即俗言斬草除根之意。言欲決去其莧並其所種之地亦決之。上夬者夬莧也。下夬者夬陸也。亦如王臣蹇蹇。上蹇王之蹇也。下蹇臣之蹇也。決而又決。則根本枝葉皆以決去。無復潛滋暗長矣。中行者。五本居中。得正。爲近上六。陰陽相比。則心事不光明。能夬夬則復其中行之舊矣。九三夬夬以心言。以應爻而言也。九五夬夬以事言。以親比而言也。蓋三居下位。五則擅夬決生殺之權。故與三不同。○九五當夬之時爲夬之主。本居中得正可以決小人者也。但與六相近。不免溺于其私。外雖欲決。而一時溺愛之心復萌。則決之不勇矣。故必如決莧並其地而決之。則可以去其邪心。不爲中德之累而无咎矣。故其象占如此。

象曰中行无咎中未光也

中未光者。恐中德近陰未光明也。故當夬而又夬。

上六无號終有凶

上六當權之時。號呼其正應之三。今三正應夬夬。

則正應不可號矣。當權之時。揚于王庭。亦可以號呼而哀求于五。今五相親比亦夬夬。則五不可號矣。故曰无號終有凶。即小象終不可長。占者之凶可知矣。

象曰无號之凶終不可長也

言一陰在上。不可長久。終爲五陽所決去也。

䷫ 巽下乾上

姤遇也。五月之卦也。一陰生于下。陰與陽遇。以其本非所望而卒然值之。如不期而遇者。故爲姤也。

序卦夬決也決必有所遇故受之以姤所以次夬

姤女壯勿用取女 取七慮反

一陰而遇五陽有女壯之象故戒占者勿用取女以其女德不貞決不能長久從一而終也幽王之得褒姒高宗之立武昭儀養鶖棄鶴皆出于一時一念之差而豈知後有莫大之禍哉故一陰生于五陽之下陰至微矣而聖人即曰女壯勿用取者防其漸也

彖曰姤遇也柔遇剛也勿用取女不可與長也天地

相遇品物咸章也剛遇中正天下大行也姤之時義大矣哉

釋卦名卦辭而極贊之。取妻非一朝一夕之事。故曰夫婦之道。不可以不久也。不可與長者。言女壯則女德不貞。不能從一而長久也。上五陽天也。下一陰地也。品物咸亨者。萬物相見乎離。亨嘉之會也。天地相遇。止可言資始資生。而曰咸章者。品物在五月皆章美也。剛指九二。剛遇中正者。九二之陽德。遇乎九五之中正也。遇乎中正。則明良會而庶事康其道可大行于天下矣。姤本不善聖人義理無窮。故又以其中之善者言之。言一陰而遇五陽。勿用取女。固不善矣。然天之遇地。臣之遇君。又有極善者存乎其中焉。以一遇之間而有善不善。可見世之或治或亂。事之或成或敗。人之或窮或遇。百凡天下國家之事。皆不可以智力求之。惟其遇而已矣。時當相遇。莫之為而為。莫之致而至。遇之時義不其大矣哉。

象曰天下有風姤后以施命誥四方

風行天下。物無不遇。姤之象也。施命者。施命令于天下也。興利除害。皆其命令之事也。誥者。告也。曉諭警戒之意。君門深于九重。堂陛遠于萬里。豈能與民相遇。惟施命誥四方。則與民相遇。亦猶天之風與物相遇也。乾爲君。后之象。又爲言。誥之象。又錯坤。方之象。巽乃命之象。

初六。繫于金柅。貞吉。有攸往。見凶。羸豕孚蹢躅。柅女履反　蹢音的躅直錄反

柅者。收絲之具也。金者。籰上之孔用金也。今人多

以銅錢爲之。巽爲木柅之象也。又爲繩繫之象也。變乾金之象也。貞吉者。言繫于金柅前無所往。則得其正而吉也。若無所繫。有所攸往。往而相遇相比之二。正應之四。則立見其凶也。羸豕者。小豕也。孚者誠也。蹢躅者。跳躑纏綿也。言小豕相遇乎豕卽孚契蹢躅。不肯前進。此立見其凶。可醜之象也。凡陰爻居下卦者。不可皆以爲小人害君子。如姤有相遇之義。觀有觀示之義。此卦因以爲小人害君子。所以將九五極好之爻。通說壞了。〇初六一陰始生。當遇之時。陰不當往遇乎陽。故教占者有繫于金柅之象。能如此則正而吉矣。若有所往立見其凶。故又有羸豕蹢躅之象。其戒深矣。

象曰繫于金柅柔道牽也

牽者。牽連也。陰柔牽乎陽。所以戒其往。

九二包有魚无咎不利賓

包者。包裹也。詳見蒙卦九二。魚陰物。又美。初之象也。剝變巽曰貫魚。井曰射鮒。姤曰包魚。皆以巽爲少女。取象于陰物之美也。言二包裹纏縣乎初。猶

包魚也无咎者本卦主于相遇故无咎也不利賓
者理不當奉及于賓也蓋五月包裹之魚必餒而
臭矣所以不利于賓也巽爲臭魚臭不及賓之象
也五陽纏綿一陰故于四爻五爻皆取包裹之象
无咎以卦名取義不及賓以魚取義若以正意論
初與四爲正應二既先包乎初則二爲主而四爲
賓矣所以不利賓而四包無魚但易以象爲主故
只就魚上說○九二與初本非正應彼此皆欲相
遇乃不正之遇也故有五月包魚之象占者得此

僅得无咎。然不正之遇。已不可達及于賓矣。故不利賓。

象曰包有魚義不及賓也

五月包魚。豈可及賓。以義揆之。不可及賓也。

九三臀無膚其行次且厲无大咎

夬之九四。與姤相綜。倒轉卽姤之九三。所以爻辭同。○九三當遇之時。過剛不中。隔二未牵連乎初。相遇之難。故有此象。然不相遇則亦无咎矣。故占者雖危厲而无大咎也。

象曰其行次且行未牽也

本卦主于相遇。三其行未得與初牽連。所以次且。

九四包无魚起凶

初六不中不正。卦辭以女壯勿取戒之矣。若屯卦六二與初相比。不從乎初。十年乃字。蓋六二柔順中正故也。今不中不正。所以舍正應而從二。既從乎二。則民心已離矣。九四才雖剛而位則柔。據正應之理。起而與二相爭。亦猶三國之爭荆州干戈無寧日也。豈不凶。故不曰凶而曰起凶。如言起釁也。

○九四不中不正。當遇之時。與初爲正應。初爲二所包。故有包無魚之象。九四不平與二爭之。豈不起其凶哉。故其象占如此。

象曰无魚之凶遠民也

陰爲民。民之象也。故觀卦下陰爻曰觀民。遠民者。二近民而四遠民也。

九五以杞包瓜含章有隕自天

杞枸杞也。杞與瓜皆五月所有之物。乾爲果瓜之象也。因前爻有包魚之包。故此爻亦以包言之。含章者含藏其章美也此爻變離有文明章美之意又居中有包含之意故曰含章含即杞之包章即瓜之美以杞包瓜即含章之象也隕者從高而下也有隕自天者言人君之命令自天而降下也巽爲命乾爲天故命令自天而降孔子后以施命誥四方一句本自周公有隕自天來故小象曰志不違命且此爻變成鼎又正位凝命之君三箇命字可証○九五當變之時有中正之德深居九重本不與民相遇故有以杞包瓜含藏章美之象然雖

含藏中正之章美。不求與民相遇。及施命誥四方。如自天而降。亦猶天下之風無物不相遇也。其相遇之大爲何如哉。占者有是德。方應是占也。

象曰九五含章中正也有隕自天志不舍命也舍音捨

有中正之德。所以含其中正之章美。不發露也。志者心志也。舍、違也。命者、命令也。雖不發露章美。然心志不違施命誥四方。所以有隕自天。

上九姤其角吝无咎

與晉其角同。當遇之時。高亢遇剛。不遇于初。故有

姤其角之象。吝之道也。然不近陰私。亦無咎矣。故
其占如此。

象曰姤其角上窮吝也

居上卦之極。故窮。惟窮所以吝。

䷬ 坤下兌上

萃者聚也。水潤澤其地。萬物羣聚而生。萃之象也。
又上悅而下順。九五剛中。而二以柔中應之。萃之
由也。序卦姤者遇也。物相遇而後聚。故受之以萃。
所以次姤。

萃亨王假有廟利見大人亨利貞用大牲吉利有攸往

卦大象坎。坎爲宮。中爻巽艮。巽木在艮闕之上。皆廟之象也。坎爲隱伏。鬼神之象也。九五中正。大人之象也。上亨字占得此卦者亨也。下亨字。見大人之亨也。大象坎爲豕。外卦兌爲羊。內卦坤爲牛。大牲之象也。言當此萃時。可以格鬼神。可以見大人。必亨。但利于正耳。凡物當豐厚。不宜儉嗇。凡事宜攸往不宜退止。此教占者處萃之時當如此也。

彖曰萃聚也順以說剛中而應故聚也王假有廟致孝享也利見大人亨聚以正也用大牲吉利有攸往順天命也觀其所聚而天地萬物之情可見矣

以卦德卦體釋卦名又釋卦辭而極贊之。內順乎外。外悅乎內。五以剛中而下交。二以柔中而上應。內外君臣皆相聚會。所以名萃。盡志以致其孝。盡物以致其享。聚以正者。如蕭何張良諸臣一時聚會以從高祖聚也。除暴秦正也。能成一統之功。亨也。天命者。天理之自然也。以人事言。即當其可之時也。言時當豐而豐。時當往而往者。乃所以順其天理之自然也。情者、所以發出之情也。陽倡陰和。乾始坤生。天地此聚也。形交氣感。聲應氣求。萬物亦此聚也。天地萬物之情聚而已矣。

象曰澤上于地萃君子以除戎器戒不虞

澤字義多。有水澤。有雨澤。有恩澤。有潤澤。澤在天上。有恩澤之意。所以施祿及下。居德則忌。此則有水澤潤澤之意。所以生萬物而萃也。除者、去舊取新之意。謂整理其敝壞也。戒者、備也。虞者、度也。言變出不測而不可虞度也。衆萃必有爭奪之事。故君子除戎器者。非耀武也。所以戒不虞也。聖人之心義理無窮。姤卦文王卦辭本不善。聖人則發出姤之時義大一段。本卦文王卦辭極善。聖人又發出此一段。蓋本卦錯大畜。有離震二象。戈兵震動故言戎器不虞。又大象坎錯離。中爻艮綜震。亦有此象。

初六有孚不終乃亂乃萃若號一握爲笑勿恤往无咎

孚者與四正應相孚信也有孚不終者陰柔之人不能固守所以孚不長久也欲萃之急不擇正應而與同類羣小相萃也號者呼也握者持也言呼九四近前而以手握持之也若者如也言當如此象也言有孚之心能若孚于前而以手握之不釋則有孚之心至矣雖爲衆人所笑勿恤此笑方得无咎也中爻巽爲進退有孚不終之象也坤爲迷亂之象也坤爲衆萃之象也兌爲口舌號之象也坤錯乾乾居一一之象也中爻艮手握持之象也

兌爲悅笑之象也大象坎爲加憂恤之象也今此爻變不成坎不憂矣勿恤之象也○初六陰柔與九四爲正應當萃之時比于同類之陰有有孚不終乃亂乃萃之象故教占者有孚堅固如將九四呼于前而以手握之以陰握陽雖不免爲人所笑然必勿恤此笑方得往而與九四爲聚也故无咎

象曰乃亂乃萃其志亂也

質本陰柔急于欲萃方寸已亂矣所以不暇擇其正應而萃也

六二引吉无咎孚乃利用禴

引開弓也與君子引而不發之引同本卦大象坎又此爻變坎坎爲弓引之象也凡人開弓射物必專心于物當物之中不偏于左不偏于右方得中箭蓋中德不變之象也二雖中正居羣小之中必偏私則非中矣故言引則吉无咎也中爻艮手故初曰一握握者手持之也二曰引引者手開之也皆手之象也吉者得萃于九五也无咎者二與九五皆同德又正應也孚者孚于五也利用禴者言

薄祭亦可以交神又與五相聚吉而无咎之象也坎爲隱伏有人鬼之象此爻變坎成困故困之二爻亦利享祀未濟坎亦言禴渙亦言有廟也此爻變中爻成離禴夏祭故與既濟皆言禴○六二中正上應九五之中正蓋同德相應者也二中德不變故有引之之象占者得此不惟吉而且无咎矣然能引則能孚信于五而與五相聚矣故有利用禴之象其占中之象又如此

象曰引吉无咎中未變也

二本有中德。惟能如引誠信而中。則中德未變矣。
所以吉而无咎。

六三萃如嗟如无攸利往无咎小吝

此爻變艮成咸。咸三爻亦往吝。但咸以君子而隨小人。可羞之事。此則以小人而聚小人。所以僅小吝也。大象坎爲加憂。兌爲口。嗟歎之象也。○六三陰柔不中不正。當萃之時。欲萃者其本志也。故有萃如之象。但上無應與。不得相聚。故有嗟如無攸利之象。然三之于上。雖彼此陰爻無相偶之情。能往而從之。我性順而彼性悅。必能相聚。可以无咎。但不能萃剛明之人。而萃陰柔羣小。亦有小吝矣。故其占如此。

象曰往无咎上巽也

巽者、三之中爻本巽也。兌綜巽亦巽也。上往以巽而從之。我順而彼悅。可以相聚者也。故无咎。

九四大吉无咎

大吉无咎。與隨卦九四隨有獲同。就時位上說。不就理上說。正所謂處不以其道得之富貴者也。近悅體之君。臨歸順之民。豈不大吉。人誰咎病。六爻初亂萃。二引萃。三嗟如。五有悔。六涕洟。惟四不中不正。而自然相聚。聚之不勞心力。故大吉。時位自然。非四勉强求之。故无咎。○九四不中不正。居多懼之地。本不吉有咎者也。然近九五之君。有相聚之權。率三陰順而聚于五。上悅下順。則不勞心力而自能相聚矣。若不論其九四之德。惟以其萃論之。蓋大吉无咎者也。故有此象。占者得此。亦當如是也。

象曰大吉无咎位不當也

位不當者。不中不正也。既不中正。則大吉者亦不吉。无咎者亦有咎矣。周公就時位能萃之象上說。孔子就理上說。

九五萃有位无咎匪孚元永貞悔亡

匪者不也。匪孚者不信于人也。九四比羣陰在下以分其萃。大吉无咎所以匪孚也。元者元善也。卽陽剛中正之德也。永貞者長永貞固也。悔者五與上六相近。同居悅體。陰陽比暱。恐其雖萃天下之位。而其德未甚光明。所以悔也。○九五當天下之尊。爲萃之主。臣民皆萃。可以无咎矣。然四分其萃。未免匪孚。上溺陰私。未免有悔。故必反巳自修。俾元善中正之德。長永貞固。斯悔亡而人孚矣。戒占者必如此。

象曰萃有位志未光也

此爻與夬中未光相同。蓋陰陽相悅。此未光也。又變震爲情動性順。此未光也。變震成豫。又和樂矣。此未光也。陽與陰相聚會之時。又悅又動又順。又

和樂安能保其志之光明哉故曰志未光若依本爻陽剛中正有何疚病

上六齎咨涕洟无咎

齎者持也遺也有所持而遺之之義中爻艮爲手持遺之象也咨者咨嗟也自鼻出曰涕自目出曰洟兌爲口咨之象也又爲澤涕洟之象也○上六處萃之終求萃而不可得惟持遺咨嗟涕洟哀求于五而已故有此象然憂思之過危者必平所以无咎六爻皆无咎者水潤澤其地萬物羣聚而生

乃天地爲物不貳生物不測之理也所以六爻皆无咎

象曰齎咨涕洟未安上也

未安于上所以哀求其五

䷭ 巽下坤上

升者進而上也爲卦巽下坤上木生地中長而益高升之象也又綜萃萃下卦之坤上升而爲升之上卦亦升之象也序卦萃者聚也聚而上者謂之升故受之以升所以次萃

升元亨用見大人勿恤南征吉

言占得此卦者大亨。用見大人。不可憂懼。從南方行則吉。所以元亨也。不曰利見而曰用見者。九二雖大人乃臣位。六五之君欲用九二。則見之也。六四王用亨于岐山。即此用字也。勿恤者。本卦大象坎。有憂恤之象。故教之以勿恤。南征吉者。文王圓圖巽東南之卦。過離而至坤。是巽升于坤。故南征吉。若東行則至震。非升矣。

彖曰柔以時升巽而順剛中而應是以大亨用見大

人勿恤有慶也南征吉志行也

以卦綜釋卦名以卦德卦體釋卦辭柔者坤土也本卦綜萃二卦同體文王綜爲一卦故雜卦曰萃聚而升不來也柔以時升者萃下卦之坤升而爲升之上卦也柔本不能升故以時升所以名升內巽外順則心不躁妄行不悖理又我有剛中之德而六五以順應之豈不能升所以元亨有慶者慶幸其道之得行勿恤者此也志行者心期其道之必行吉者此也有慶志行者即元亨也

象曰地中生木升君子以順德積小以高大

本卦以坤土生木而得名。故曰君子以順德。坤順之德。卽敬以直內。義以方外也。積者。日積月累。如地中生木。不覺其高大也。巽爲高。高高之象也。

初六允升大吉

允者信也。本卦原是坤土上升。初與四皆坤土。故允升。○初六柔順居初。當升之時。與四相信而合志。占者如是。必能升矣。故大吉。

象曰允升大吉上合志也

與四合志。故允升。大畜九三與上九皆陽爻。然本卦皆欲畜極而通。故小象曰上合志也。此卦初居內卦之初。四居外卦之下。因柔以時升。皆欲升者也。故小象亦曰上合志也。

九二孚乃利用禴无咎

九二以陽剛居中。六五以柔順應之。蓋孚信之至者矣。故有利用薄祭。亦可交神之象。占者如是。得遂其升而有喜矣。故无咎。升綜萃。萃六二引者陰柔也。此剛中。故止言孚乃利用禴。

象曰九二之孚有喜也

有喜者喜其得升也蓋誠信之至則君必信任之專得以升矣周公許之曰无咎孔子曰君臣相孚豈止无咎且有喜也中爻兊喜悅之象也

九三升虛邑

陽實陰虛上體坤有國邑之象詳見謙卦以三升四以實升虛故曰升虛邑或曰四邑爲丘四丘爲虛非空虛也乃丘虛也亦通○九三以陽剛之才當升之時而進臨于坤故有升虛邑之象占者得

此其升而無疑也可知矣

象曰升虛邑无所疑也

本卦六五之君陰柔九二之臣陽剛似君弱臣強正人之所疑也況當升之時自臣位漸升于君位使四乃陽剛則逼其五矣安得而不疑今升虛邑陰土與五同體故無所疑

六四王用亨于岐山吉无咎

坤錯乾乾爲君王之象也王指六五也物兩爲岐故曰岐路兩路也坤上兩拆岐之象也隨卦兌爲

西。故曰西山。此兩折。故曰岐山。中爻震綜艮。山之象也。則三四五皆山矣。皆因有此象。故以岐西二字别之。前儒不知象。乃曰岐山在西。失象之旨矣。此言岐山指四也。亨者通也。與公用亨于天子王用亨于西山亨字同。王用亨于岐山者。即用見大人也。言六五欲用乎九二。乃通于四而求之也。四爻皆言升。獨二與五爲正應。故曰用禴。四與五相比。故曰用亨。蓋君位不可升也。二用禴而五用亨。上下相用。正所謂剛中而應也。何吉如之。故吉而无咎○六四以柔居柔與五同體蓋順事乎五之至者也故六五欲用乎九二乃通乎四以求之故有王用亨于岐山之象吉而無咎之道也故其象占如此

象曰王用亨于岐山順事也

四本順體又以柔居柔得正順事乎五故五欲用乎九二乃通乎四以求之也四若非正則成容悅之小人安能通乎其二

六五貞吉升階

王用亨于岐山上孚乎下賢君之事也九二即覲
君而升階下孚于上良臣之事也故先言貞吉之
占而後言升階之象階者階梯也如梯之等差也
○六五以柔居尊下任剛中之賢乃適于四以求
之貞而且吉者也九二當升之時因六五用六四
之求即覲君而升階矣上下相孚故其占象如此

象曰貞吉升階大得志也

大得志即彖辭有慶志行也

上六冥升利不息之貞

冥與冥豫之冥同昏于升而不知止者也坤爲迷冥之象也不息之貞天理也惟天理可以常升而不已若富貴利達涉于人欲之私而非天理者則有消長矣冥豫動體故教之以豫冥升順體故教之以貞○上六居升之極乃昏于升而不知止者也有冥升之象故聖人教占者曰升而不已惟利不息之貞他非所利也爲占者開遷善之門如此

象曰冥升在上消不富也

消者消其所升之業也富者富有也凡升者乃天

理不息之貞。則成富有之業矣。若升其人欲之私。往而不返。溺而不止。則盈者必虛。泰者必否。見其日消而不見其長。消而不富矣。故曰消不富也。本卦下體巽。巽爲富。此爻外卦。故曰不富。亦如无妄二爻未入巽之位曰未富。

䷮ 坎下兌上

困者。窮困也。爲卦水居澤中。枯涸無水。困之義也。又六爻皆爲陰所掩。小人之揜君子。窮困之象也。序卦。升而不已。必困。故受之以困。所以次升。

困亨貞大人吉无咎有言不信

此卦辭乃聖人教人處困之道也。言當困之時。占者處此。必能自亨其道。則得其正矣。他卦亨貞言不貞則不亨。是亨由于貞也。此卦亨貞言處困能亨。則得其貞。是貞由于亨也。然豈小人所能哉。必平素有學有守之大人。操持已定。而所遇不足以戕之。方得吉而无咎也。若不能實踐躬行。自亨其道。惟欲以言求免其困。人必不信。而益困矣。言處坎之險。不可尚兌之口也。二五剛中。大人之象。兌爲口有言之象。坎爲耳痛。耳不能聽。有言不信之象。

彖曰。困。剛揜也。險以說。困而不失其所亨。其唯君子乎。貞大人吉。以剛中也。有言不信。尚口乃窮也。說音悅

以卦體釋卦名。又以卦德卦體釋卦辭。坎剛爲兌柔所揜。九二爲二陰所揜。四五爲上六所揜。此困之所由名也。兌之揜坎。上六之揜四五者。小人在上位也。如絳灌之揜賈誼。公孫弘之揜董仲舒是也。二陰之揜九二者。前後左右皆小人也。如曹節

侯覽輩之擠黨錮諸賢王安石惠卿之擠元祐諸賢是也險以說卦德也困而不失其所亨者人事也處險而能悅則是在困窮艱險之中而能樂天知命矣所者指此心也此道也言身雖困此心不愧不怍心則亨也時雖困此道不加不損道則亨也不于其身于其心不于其時于其道如羑里演易陳蔡絃歌顏子在陋巷不改其樂是也君子卽大人也貞大人吉者貞字在文王卦辭連亨字讀彖辭連大人者孔子恐人認貞字爲戒辭也剛中

者二五也。剛中則知明守固。居易俟命。所以貞大人吉也。貞大人者。貞正大人也。尚口乃窮者。言不得志之人。雖言亦不信也。蓋以口為尚。則必不能求其心之無愧。居易以俟命矣。是不能亨而貞者也。故聖人設此戒。以尚口則自取困窮矣。尚口如三上相書。凡受人之謗。不反己自修而與人辨謗之類。

象曰澤无水困君子以致命遂志

澤所以瀦水。澤无水。是水下漏而上枯矣。困之象也。致者，送詣也。命存乎天，志存乎我。致命遂志者，不有其命。送命于天，惟遂我之志。成就一箇是也。患難之來，論是非，不論利害；論輕重，不論死生。殺身成仁，舍生取義。幸而此身存，則名固在；不幸而此身死，則名亦不朽，豈不身困而志亨乎？身存者，張良之椎、蘇武之節是也。身死者，比干、文天祥、陸秀夫、張世傑是也。

初六：臀困于株木，入于幽谷，三歲不覿。

凡言困者，皆柔揜剛，小人困君子也。臀，坎象，詳見夬卦。人之體行則趾在下。坐則臀在下。故初言臀。株者根株也。乃木根也。詩朝食於株。諸葛亮表成都有桑八百株。王荊公詩日月無根株。皆言根也。中爻巽木在坎之上。初又居坎之下。木根之象也。坎爲隱伏。幽谷之象也。水在上幽谷在下。則谷之中皆木根矣。言入于幽谷之中。而臀坐于木根之上也。此倒言也。因有臀字文勢必將困于株木之句居于臀下。故倒言也。若曰臀入于幽谷則不通矣。覿見也。坎錯離爲卦。又居三。三歲不覿之象也。

不覿者不覿二與四也○初六以陰柔之木居坎陷之下當困之時遠而與四爲應近而與二爲比亦欲拯剛而困君子矣然才柔居下故有坐木根入幽谷終不得見二四之象欲困君子而反自困即象而占可知矣

象曰入于幽谷幽不明也

此言不覿之故幽對明言二與四合成離有明象初居離明之下則在離明之外而幽矣所以二與四得見乎幽谷而入幽不明者不得見乎二四也

九二困于酒食朱紱方來利用亨祀征凶无咎紱音弗

困于酒食者言酒食之艱難窮困也如孔子之疏食飲水顏子之簞食瓢飲儒行之并日而食是也酒食且困况大于酒食者可知矣程傳是凡易言酒者皆坎也言食者皆兑也故需中爻兑言酒食未濟與坎皆言酒也朱紱者組綬用朱也方來者其德升聞而爲君舉用之也利用亨祀者亨者通也誠應之意乃象也亦如利用禴之意言當通之以祭祀之至誠也坎隱伏有人鬼象故言祀征凶者

當困之時往必凶也凶字即大象致命之意正所謂困而亨也所以无咎中爻離朱之象又巽繩紱之象坎乃北方之卦朱乃南方之物離在二之前故曰方來此即孔明之事困酒食者卧南陽也朱紱方來者劉備三顧也利用亨祀者應劉備之聘也征凶者死而後已也无咎者君臣之義无咎也

○九二以剛中之德當困之時甘貧以守中德而爲人君之所舉用故有困于酒食朱紱方來之象故教占者至誠以應之雖凶而无咎也

象曰困于酒食中有慶也

言有此剛中之德。則自亨其道矣。所以有此朱紱方來之福慶。

六三困于石據于蒺蔾入于其宮不見其妻凶

兌錯艮。艮爲石。石之爲物堅而不納。其質無情石在前。困于石之象也。據者依也。坎爲蒺蔾。蒺蔾乃有刺之物。不可依據。蒺蔾在後。據于蒺蔾之象也。坎爲宮。宮之象也。中爻巽爲入。入其宮之象也。此爻一變。中爻成乾。不成離目。不見之象也。坎爲中男。兌爲少女。則兌乃坎之妻也。兌之中宮。坎之中宮皆陽爻。非陰爻。入其宮不見其妻之象也。此爻一箇入字見字不輕下。周公之爻辭極其精矣。舊註不知象。所以以石指四。蒺藜指二。宮指三。妻指六也。○六三陰柔不中不正。當困之時。亦欲揜二之剛。而困君子矣。但居坎陷之極。所承所乘者皆陽剛。孤陰在于其中。前困者無情。後據者有刺。則一巳之室家且不能保。將喪亡矣。況能困君子乎。故有此象。所以占者凶。

象曰據于蒺蔾乘剛也入于其宮不見其妻不祥也
乘剛者乘二之剛也不祥者死期將至也此爻變
爲大過有棺槨象所以死期將至人豈有不見其
妻之理乃不祥之兆也殷仲文從桓玄照鏡不見
其面數日禍至此亦不祥之兆也

九四來徐徐困于金車吝有終

金車指九二坎車象乾金當中金車之象也自下
而上曰往自上而下曰來徐徐者四來于初也
初覩乎四四來乎初陰陽正應故也○九四與初

爲正應。不中不正。志在于初。故有徐徐而來于初之象。然爲九二所隔。故又有困于金車之象。夫以陰困陽之時。不能自亨其道。猶志在于初。固爲可羞。然陽有所與。終不能爲陰所困也。故其占如此。

象曰來徐徐志在下也雖不當位有與也

志在下者。志在初也。有與者。四陽初陰。有應與也。且四近君。故陰不能困。井卦二五皆陽爻。故曰无與。

九五劓刖困于赤紱乃徐有說利用祭祀 說音悅

兌錯艮鼻象。變震足象。截鼻曰劓。去足曰刖。上體兌爲毁折。錯艮爲閽寺刑人。下體中爻離。爲戈兵。又坎錯離。亦爲戈兵。上下體俱有刑傷劓刖之象也。若以六爻卦畫論之。九五爲困之主。三陽居中上下俱陰揜。亦劓刖之象也。赤紱者。臣之紱也。中爻離巽與九二同。紱乃柔物。故亦以此象之。三柔困赤紱之象也。赤紱者。四與二也。四乃五之近臣。三比之。二乃五之遠臣。三揜之。故曰困于赤紱。劓刖者。君受其困也。赤紱者。臣受其困也。兌爲悅。悅之象也。乃徐有悅者。言遲久必有悅。不終于困也。利用祭祀者。乃徐有悅之象也。蓋祭盡其誠。則受其福矣。教九五中正之德不可以聲音笑貌爲之也。○九五當柔揜剛之時。上下俱刑傷。故有劓刖之象。三柔比四而揜二。故不惟劓刖。又有困及于赤紱之象。則君臣皆受其困矣。然九五中正而悅體。既有能爲之才。又有善爲之術。豈終于其困哉。必徐有悅而不終于困也。蓋能守此中正之德。如祭祀之誠信。斯有悅而受其福矣。故教占者占中之象又如此。

象曰劓刖志未得也乃徐有說以中直也利用祭祀受福也

爲陰所掩。故志未得。以中直、與同人九五同。直卽正也。受福者、中正之德如祭祀之誠信。則受福而不受其困矣。

上六困于葛藟于臲卼曰動悔有悔征吉

艮爲山。爲徑路。爲果蓏。周禮蔓生曰蓏。葛藟之類。高山蹊徑。臲卼不安。兊錯艮有此象。又正應坎爲陷。爲叢棘。爲蒺藜。亦皆葛藟之類之象。葢葛藟者纏束之物。臲卼者危動之狀。曰者、自訟之辭也。兌爲口。變乾。爲言。曰之象也。曰動悔者。自訟其動則有悔。亦將爲之何哉。動悔之悔。事之悔也。上六之悔也。有悔之悔。心之悔悟也。聖人教占者之悔也。征者、去而不困其君子也。與蒙卦幾不如舍舍字同。○上六陰柔亦欲揜剛而困君子矣。然處困之極。又不能困。故欲動而揜乎剛。則纏束而不能行。欲靜而不揜乎剛。則又居人君之上。危懼而不自安是以自訟其動則有悔故有此象然處此之時顧在人之悔悟何如耳誠能發其悔悟之心去其陰邪之疾知剛之不可掩棄而去之可也故占者惟征則吉

象曰困于葛藟未當也動悔有悔吉行也

欲掩剛故未當有悔不掩剛故從吉而行

䷯ 巽下坎上

井者地中之泉也爲卦坎上巽下巽者入也水入于下而取于上井之義也巽爲木汲水者以木承

水而上。亦井之義也。序卦困于上者必反于下。故受之以井。所以次困。

井改邑不改井无喪无得往來井井汔至亦未繘井羸其瓶凶

井綜困。二卦同體。文王綜爲一卦。故雜卦曰井通而困相遇也。改邑不改井者。巽爲市邑。在困卦爲兑。在井爲巽。則改爲邑矣。若井則无喪无得。在井卦坎往于上。在困卦坎來于下。剛居于中。往來不改。故曰往來井井。易經與各經不同。玄妙處正在

于此汔涸也巽下有陰垢涸之象也繘者井索也
巽爲繩繘之象也羸者弱也與羸其角同汲水之
人弱不勝其瓶將瓶墜落于井也中爻離之象
也在離曰缶在井曰瓶曰甕皆取中空之意○言
井乃泉脉不可改變其德本無得喪而往來用之
者不窮濟人利物之功大矣若或井中原涸無水
以至或有水而人不汲又或不惟不得水或汲之
而羸其瓶則無以成濟人利物之功故占者凶
彖曰巽乎水而上水井井養而不窮也改邑不改井

乃以剛中也汔至亦未繘井未有功也羸其瓶是以凶也

以卦德卦綜釋卦名卦辭。凡井中汲水。井上用一轆轤。以井索加于其上。用桶下汲。方能取上。是以桶入乎其水。方能上也。故曰巽乎水而上水。巽字有木字入字二意。文選殫極之綆斷幹。綆即轆轤之索也。養而不窮者。民非水火不生活也。改邑不改井者。以剛居中。在困卦居二之中。在井卦居五之中。往來皆井。不可改變也。未有功者。井以得水爲功井中水涸以至汲水之索未入于井皆無功也若羸其瓶是不惟不得其水並汲水之具亦喪亡矣豈不凶青苗之法安石之意將以濟人利物而不知不宜于民反以致禍正羸其瓶之凶也

象曰木上有水井君子以勞民勸相

木上有水者水承木而上也勞者即勞之也勸者即來之也相者即匡直輔翼也勞民勸相者言勞之不已從而勸之勸之不已又從而相之也人有五性之德即地脈井泉流行不息者也逸居而無

敎。則近于禽獸。不能成井養不窮之功矣。君子勞民勸相。則民德可新。父子有親。君臣有義。夫婦有別。長幼有序。朋友有信。往來用之。井井不窮矣。是勞民勸相者君子之井也。

初六井泥不食舊井无禽

陰濁在下。泥之象也。凡言食者。皆兌口也。今巽口在下。不食之象也。又巽爲臭。不可食之象也。坎有小過象。凡易言禽者。皆坎也。故師六五曰田有禽。以本卦坎。又變坎也。比卦九五失前禽。以坎變坤也。恒大象坎，此卦坎居上卦，但二卦下卦皆巽。巽深入，禽高飛之物，安得深入于井中？故恒井二卦皆曰無禽。井以得水爲井之口，易汲爲善，故初則不食，二則漏，三則求王明，四則修井，惟五六則水齊井口，易于汲取，故五六獨善。○初六陰在下，乃井之深而不可浚渫者也，則泥而不食，成舊廢之井，無井旁汲水之餘瀝，而禽亦莫之顧而飲矣，故有此象。占者不利于用可知矣。

象曰：井泥不食，下也。舊井無禽，時舍也。舍音捨

井中出水也

陰濁在下。爲時所弃捨。

九二井谷射鮒甕敝漏

上陽爻下陰爻。兩開谷之象也。又變艮山下有井。必因谷所生。亦谷之象也。坎爲弓在上。射之象也。巽爲魚。鮒之象也。鮒、小魚。莊子周視轍中有鮒魚焉。曰我東海之波臣也。又爾雅鱖、小魚也。注云似鮒子而黑。俗呼爲魚婢。江東呼爲妾魚。曰臣曰婢曰妾。皆小之意。前儒以爲蝦蟆。又以爲蝸牛。皆非也。巽綜兌。爲毀折。敝之象也。下陰爻有坼漏之象。

也。坎水在上。巽主入。水入于下。亦漏之象也。○九二陽剛居中。才德足以濟物。但上無應與。不能汲引。而乃牽溺于初。與卑賤之人相與。則不能成井養不窮之功矣。故以井言有旁水下注。僅射其鮒之象。以汲水言。有破甕漏水之象。占者不能成功可知矣。

象曰井谷射鮒无與也

无與者无應與也。所以比初射鮒。

九三井渫不食爲我心惻可用汲王明句並受其福

渫者治井而清潔也。中爻三變成震。不成兌口不食之象也。爲我心惻者。我者三自謂也。言可汲而不汲。人爲我惻之也。坎爲加憂。惻之象也。王明者指五也。中爻三與五成離。王明之象也。可用汲王明者。可求用汲于王明也。汲字雖汲水。其實汲引之汲。並者。三之井可食。福也。食三之井者。亦福也。九二比于初之陰爻不能成功。故榖九三求九五之陽明。○九三以陽居陽。與上六爲正應。上六陰柔不能汲引。則不爲時用。而成濟人利物之功矣。

故有井渫不食人惻之象。所以然者。以正應陰柔。又無位故也。可用汲者。其惟舍正應而求五之王明。言若得陽明之君以汲引之。則能成井養之功。而並受其福矣。故教占者必如此。

象曰井渫不食行惻也求王明受福也

行惻者行道之人亦惻也。三變中爻成震。足行之象也。求王明者五非其正應。故以求字言之。孔子以周公爻辭忽然說起王明。恐人不知指五。所以加一求字也。不求正應而求王明。此易之所以時也。

比卦六四舍正應而比五。皆此意。管仲舍子糾而事桓公。韓信舍項羽而事高祖。馬援舍隗囂而事光武。皆舍正應而求王明者也。

六四井甃无咎

甃者、砌其井也。陰列兩旁。甃之象也。初為泥。三之渫。渫其泥也。二射鮒。四之甃。甃其谷也。既渫且甃。井日新矣。寒泉之來。井養豈有窮乎。○六四陰柔得正。近九五之君。蓋修治其井以瀦畜九五之寒泉者也。故有井甃之象。占者能修治臣下之職。則可以因君而成井養之功斯无咎矣。

象曰井甃无咎修井也

修井畜泉。能盡職矣。安得有咎。

九五井洌寒泉食

洌井潔也。五變坤爲井。以陽居陽爲潔。寒泉泉之美者也。坎居北方。一陽生于水中。得水之正體。故井潔而寒美也。食者人食之也。即井養而不窮也。中爻兌口之上。食之象也。井以寒洌爲貴。泉以得食爲功。以人事論。洌者天德之純也。食者王道之溥也。黃帝堯舜禹稷周孔立養立教。萬世利賴。井冽寒泉食之者也。○九五以陽剛之德。居中正之位。則井養之德已具。而井養之功已行矣。故有此象。占者有是德。方應是占也。

象曰。寒泉之食。中正也。

寒泉之食。王道也。中正者。天德也。

上六。井收勿幕。有孚 句 元吉

收者成也。物成于秋。故曰秋收。井收者。井已成矣。即小象大成之成也。周公曰收。孔子曰成。一意也。

幕者蓋井之具也坎口在上勿幕之象也言不蓋其井也有孚者信也齊口之水无喪无得用之不竭如人之誠信也元吉者勿幕有孚則澤及于人矣○上六居井之極井已成矣九五寒泉爲人所食上六乃不掩其口其水又孚信不竭則澤及于人成井養不窮之功矣故有勿幕有孚之象占者之元吉可知矣

象曰元吉在上大成也

大成者井養之功大成成也蓋有寒泉之可食使掩

其口。人不得而食之。或不孚信有時而竭。則澤不及人。安得爲大成。今勿幕有孚。則澤及人。而井養之功成矣。元吉以澤之所及言。大成以功之所就言。

梁山來知德先生易經集註卷之十

平山後學崔華重訂　男巒岱⿱萬山齊同校

䷰離下兌上

革者變革也。澤在上。火在下。火燃則水涸。水決則火滅。又中少二女不相得。故其卦為變革也。序卦井道不可不革。故受之以革。所以次井。

革巳日乃孚元亨利貞悔亡巳音紀十干之名

巳者信也。五性仁義禮智信惟信屬土。故以巳言之。不言戊而言巳者。離兌皆陰卦。故以陰土言。且文王圓圖離兌中間乃坤土。故言巳也。凡離火燒兌金斷裂者。惟土可接續。故月令于金火之間置一中央土。十干丙丁戊巳而後庚辛。言離火燒金。必有土方可孚契之意。日者。離為日也。巳日乃孚者、信我後革也。言當人心信我之時。相孚契矣。然後可革也。不輕于革之意。元亨利貞悔亡者、言除弊去害掃而更之。大亨之道也。然必利于正。亨以正則革之當其可。而悔亡矣。蓋不信而革。必生其悔。惟亨而正。則人心信我矣。所以巳日乃孚而後革也。

彖曰革水火相息二女同居其志不相得曰革已日乃孚革而信之文明以說大亨以正革而當其悔乃亡天地革而四時成湯武革命順乎天而應乎人革之時大矣哉

以卦象釋卦名。以卦德釋卦辭而極贊之。火燃則水乾。水決則火滅。有相滅息之勢。少女志在艮。中女志在坎。有不相得之情。水火以滅息爲革。二女以不能同居各出嫁爲革。故曰革。革而信之者言革而人相信也。東征西怨。南征北怨。革而信之之事也。離之德明。兌之德悅。明則識事理而所革不苟。悅則順時勢而所革不驟。大亨者、除弊興利。一事之大亨也。伐暴救民。舉世之大亨也。以正者、揆之天理而順。即之人心而安也。又亨又正。則革之攸當。所以悔亡。正所謂革而信之也。陽極則陰生。而革乎陽。陰極則陽生而革乎陰。故陰往陽來。而爲春夏。陽往陰來而爲秋冬。四時成矣。命者、王者易姓受命也。王者之興。受命于天。故曰革命。天命當誅順天也人心共忿應人也天道改變世道遷移此革之大者然要之同一時也時不可革天地聖人不能先時時所當革天地聖人不能後時革之時不其大哉故曰禮時爲大順次之體次之宜次之稱次之堯授舜舜授禹湯放桀武王伐紂時也

象曰澤中有火革君子以治歷明時

水中有火水若盛則息火火或盛則息水此相革之象也歷者經歷也次也數也行也過也蓋日月

五緯之纏次也又作曆時者四時也治歷以明其時晝夜者一日之革也晦朔者一月之革也分至者一年之革也元會運世者萬古之革也

初九鞏用黃牛之革

離為牛牛之象也中爻乾錯坤黃之象也鞏者固也以皮束物也束之以黃牛之革則固之至矣此爻變即遯之艮止矣艮止故不革所以爻辭同本卦以離火革兌金下三爻主革者也故一二三言革上三爻受革者也故四言改五六言變○初九當

革之時。以陽剛之才。可以革矣。然居初位卑。無可革之權。上無應與。無其革之人。其不可有爲也必矣。但陽性上行。火性上炎。恐其不能固守。其不革之志。故聖人戒占者曰。革道匪輕。不可妄動。必固之以黃牛之革。而後可。所以其象如此。

象曰。鞏用黃牛。不可以有爲也

無位無應之故。

六二巳日乃革之征吉无咎

離爲日。日之象也。陰土。巳之象也。此爻變夬。情悅性健。故易于革。○六二以文明之才。而柔順中正。又上應九五之君。故人皆尊而信之。正所謂巳日乃孚。革而信之者也。故有此象。占者以此而往。則人皆樂于耳目之新。有更化善治之吉。而無輕變妄動之咎矣。故占者吉而无咎。

象曰巳日革之行有嘉也

應九五故有嘉。即征吉二字也。

九三征凶貞厲革言三就有孚

革言者、革之議論也。正應兊為口。言之象也。中爻乾爲言亦言之象也就者成也三就者商度其革之利害可否至再至三而革之議論定也離居三三就之象也故同人曰三歲不興未濟曰三年有賞于大國既濟曰三年克之明夷曰三日不食皆以離居其三也若坎之三歲不得困之三歲不覿解之田獲三品皆離之錯也漸之三歲不孕巽之田獲三品皆以中爻合離也豐之三歲不覿以上六變而爲離也周公爻辭其精至此○九三以剛居剛又居離之極蓋革之躁動而不能詳審者也

占者以是而往。凶可知矣。故雖事在所當革。亦有危厲。然當革之時。不容不革。故必詳審其利害可否。至于三就。則人信而相孚。可以革矣。故敍占者必如此。

象曰。革言三就。又何之矣

言議革之言。至于三就。則利害詳悉。可否分明。又復何之。

九四。悔亡。有孚改命。吉

改命者、到此已革矣。離交于兑。改夏之命令于秋矣所以不言革而言改命如湯改夏之命而爲商武改商之命而爲周是也九四之位則改命之大臣如伊尹太公是也有孚者上而孚于五下而孚于民也○九四卦已過中已改其命矣改命所係匪輕恐有所悔然時當改命不容不改者也有何悔焉是以悔亡惟于未改之先所改之志孚于上下則自獲其吉矣故教占者如此

象曰改命之吉信志也

志者九四之志也信志者信九四所改之志也上

而信于君。下而信于民。必如是信我。方可改命也。

信乃誠信。即爻辭孚字。

九五大人虎變未占有孚

陽剛之才。中正之德。居尊位而爲革之主。得稱大人。兌錯艮。艮爲虎。虎之象也。兌爲正西。乃仲秋鳥獸毛毨。變之象也。乾之五則曰龍。革之五則曰虎。若以理論。揖遜者見其德。故稱龍。征誅者見其威。故稱虎。三四之有孚者。乃水火相交之際。毅占者之有孚也。五之有孚。即湯武未革命之先。四海徯後之思未占而知其有孚矣。○九五以陽剛中正之才德。當兌金肅殺之秋。而爲順天應人之舉。九四爲改命之佐。已改其命矣。是以爲大人者。登九五之位。而宇宙爲之一新。故有大人虎變之象。此則不待占決而自孚信者也。占者有是德。方應是占矣。

象曰大人虎變其文炳也

文炳以人事論。改正朔。易服色。殊徽號。變犧牲。制禮作樂。炳乎其有文章是也。

上六君子豹變小人革面征凶居貞吉

揚子曰、貍變則豹。豹變則虎。故上六即以豹言之。革命之時。如鼓刀之叟。佐周受命。此豹變者也。又如蕭何諸臣。或爲吏胥。或販繒屠狗。後皆開國承家。列爵分土。亦豹變者也。即班孟堅所謂雲起龍驤化爲侯王是矣。蓋九五既虎變而爲天子。則上六即豹變而爲公侯。若下句小人則百姓矣。革面者言舊日而從于君者亦革也。如民之從桀者。不過面從而心實不從也。及湯師之興。則東征西怨。

南征北怨面從之僞皆革面而心眞實以向湯矣如民之從紂者不過面從而心實不從也及化行南國泰誓牧誓則面從之僞皆革而心眞實以向文武矣葢以力服人者面從者也以德服人者中心悅而誠服也心從者也征凶者聖人作而萬物覩別有所往則爲梗化之民而凶矣居者征之反也君子豹變者變其舊日之冠裳也小人革面者革其舊日之詐僞也○上六當世道革成之後而天命維新矣公侯則開國承家百姓則心悅誠服有

君子豹變。小人革面之象。故戒占者不守其改革之命。而別有所往則凶。能守其改革之命。則正而吉也。

象曰君子豹變其文蔚也小人革面順以從君也

其文蔚者。冠裳一變。人物一新也。順以從君者。爲悅。悅則順。卽中心悅而誠服也。蔚本益母草其花對節相開、亦如公侯相對而並列、故以蔚言之、豹次于虎、獸不同也、炳從虎、蔚從草、文之大小顯著不同也、

䷱ 巽下離上

鼎者烹飪之器。其卦巽下離上。下陰爲足。二三四陽爲腹。五陰爲耳。上陽爲鉉。鼎之象也。又以巽木入離火而致烹飪。鼎之用也。序卦革物者莫若鼎。故受之以鼎。所以次革。

鼎元吉亨

彖辭明。觀孔子彖辭。是以元亨。則吉字當從本義作衍文。

彖曰鼎象也以木巽火亨飪也聖人亨以享上帝而

大亨以養聖賢巽而耳目聰明柔進而上行得中而應乎剛是以元亨亨普庚反

以卦體釋卦名。又以卦德卦綜卦體釋卦辭。象者、六爻有鼎之象也。巽者入也。以木入于火也。亨煮也。飪、熟食也。亨飪有調和之意。故論語曰、失飪不食。象者鼎之體。亨飪者鼎之用。所以名鼎。聖人者君也。聖賢者臣也。古人有聖德者皆可稱聖。如湯誥稱伊尹爲元聖是也。亨飪之事不過祭祀賓客而已。祭祀之大者。無出于上帝。賓客之重者。無過于聖賢。亨上帝貴質。故止曰亨。亨聖賢貴豐。故曰大亨。所以亨帝用特牲。而亨聖賢有饔牲牢禮也。巽而耳目聰明者。内而此心巽順。外而耳目聰明也。離爲目。五爲耳。故曰耳目。皆有離明之德。故曰聰明。柔進而上行者。鼎綜革。二卦同體。文王綜爲一卦。故雜卦曰革去故也。鼎取新也。言革下卦之離。進而爲鼎之上卦也。進而上行。居五之中。應乎二之剛也。若以人事論。内巽外聰。有其德。進而上行。有其位。應乎剛。有其輔。是以元亨。

象曰木上有火鼎君子以正位凝命

正對偏倚言。凝對散漫言。正位者、端莊安正之謂。即齋明盛服。非禮不動也。凝者、成也。堅也。命者、天之命也。凝命者、天命凝成堅固。國家安于盤石。所謂協乎上下。以承天休也。鼎譬之位。命譬之實。鼎之器正。然後可凝其所受之實。君之位正。然後可凝其所受之命。鼎與綜革。故革亦言命。孔子因大禹鑄九鼎象物。成王定鼎于郟鄏。卜世三十。卜年七百。所以說到正位凝命上去。周烈王二十三年九鼎震此不能正位凝命之兆也。其後秦遂滅周取九鼎。則鼎所係匪輕矣。故以鼎爲宗廟之寶器。及天寶五年宰臣李適之常列鼎俎。具膳羞。中夜鼎躍相鬬不解。鼎耳及足皆折。豈以明皇不能正位凝命而有幸蜀之禍與

初六鼎顛趾利出否得妾以其子无咎

巽錯震。震爲足。趾之象也。巽爲長女。位卑居下。妾之象也。震爲長子。子之象也。鼎爲寶器。主器者莫若長子。則子之意亦由鼎而來也。顛趾者顛倒其

趾也。凡洗鼎而出水。必顛倒其鼎。以鼎足反加于上。故曰顛趾。否者、鼎中之汚穢也。利出否者、順利其出否也。故孔子曰、鼎取新也。得者、獲也。得妾者、買妾而獲之也。以者、因也。因其子而買妾也。言洗鼎之時。趾乃在下之物。不當加于其上。今顛于上。若悖上下之序矣。然顛趾者不得已也。以其順利于出否也。亦猶一夫一婦人道之常。既有妻豈可得妾。今得其妾。若失尊卑之分矣。然得妾者不得已也。以其欲生子而不得不買妾也。得妾以其子。

又顛趾出否之象也○初六屈下尚未烹飪正洗鼎之時顛趾以出否故有得妾以其子之象占者得此凡事跡雖若悖其上下尊卑之序于義則无咎也

象曰鼎顛趾未悖也利出否以從貴也

未悖者未悖于理也言以顛趾于鼎之上雖若顛倒其上下之序然洗鼎當如此未爲悖理也貴對賤言鼎中之否則賤物也以從貴者欲將珍羞貴重之物相從以實于鼎中不得不出其否賤以濯

潔也。

九二鼎有實我仇有疾不我能即吉

鼎有實者。既洗鼎矣。乃實物于其中也。陽實陰虛。故言實。仇者匹也。對也。指初也。疾者。陰柔之疾也。即者就也。言初雖有疾。九二則剛中自守。不能使我與之即就也。此九二之能事。非戒辭也。○九二以剛居中。能守其剛中之實德。雖比于初而不輕于所與。有鼎有美實。我仇有疾。不我能即而浼我實德之象。占者如此。則剛中之德不虧。吉可知矣。

象曰鼎有實愼所之也我仇有疾終无尤也

愼所之者愼所往也此一句亦言九二之能事非
戒辭也言九二有陽剛之實德自能愼于所往擇
善而交不失身于陰黨也終无尤者言我仇雖有
疾然愼于所往不我能即而不失身于彼有何過
尤哉

九三鼎耳革其行塞雉膏不食方雨虧悔終吉

三變爲離爲坎坎爲耳耳之象也革者變也坎爲
耳痛耳革之象也三未變錯震足爲行三變則成

坎陷不能行矣行塞之象也其行塞者不能行也離爲雉雉之象也坎爲膏膏之象也中爻兌三變則不成兌口不食之象也三變則內坎水外亦坎水方雨之象也鼎之所賴以舉行者耳也三居木之極上應火之極木火既極則鼎中騰沸併耳亦熾熱革變而不可舉移矣故其行塞也雨者水也虧者損也悔者鼎不可舉移而雉膏之美味不得其食不免至于悔也方雨虧悔者言耳革不食惟救之以水耳方雨則能虧損其騰沸熾熱之勢而

悔者不至于悔矣。終吉者鼎可移。美味可食也。○九三以陽剛居鼎腹之中。本有美實之德。但應與木火之極。烹飪太過。故有耳革行塞雉膏不食之象。然陽剛得正。故又有方雨虧悔之象。占者如是始雖若不利。終則吉也。

象曰鼎耳革失其義也

義者宜也。鼎烹飪之木火不可過不可不及方得烹飪之宜。今木火太過。則失烹飪之宜矣。所以耳革也。

九四鼎折足覆公餗其形渥凶

四變中爻爲震足之象也中爻兌爲毁折折之象也鼎實近鼎耳實已滿矣今震動覆之象也餗者美糝也八珍之膳鼎之實也鼎以亨帝養賢非自私也故曰公餗渥者霑濡也言覆其鼎而鼎之上皆霑濡其美糝也以人事論項羽之入咸陽安祿山之陷長安宗廟燒焚寶器披離不復見昔日彼都人士之盛其形渥之象也不可依晁氏其刑剭凶者敗國殺身也若不以象論以二體論離巽二

卦成鼎下體巽有足而無耳故曰耳革上體離有耳而無足故曰折足○九四居大臣之位任天下之重者也但我本不中不正而又下應初六之陰柔則委任亦非其人不能勝大臣之任矣卒至傾覆國家故有此象占者得此敗國殺身凶可知矣

象曰覆公餗信如何也

信者信任也言以餗委托信任于人今將餗覆之則所信任之人爲如何也

六五鼎黄耳金鉉利貞

五爲鼎耳。黃中色。五居中。黃耳之象也。此爻變乾金。金鉉之象也。以此爻未變而言則曰黃。以此爻既變而言則曰金。在鼎之上。受鉉以舉鼎者耳也。在鼎之外。貫耳以舉鼎者鉉也。蓋鉉爲鼎之繫。繫于其耳。二物不相離。故並言之。○六五有虛中之德。上比上九。下應九二。皆其剛明。故有黃耳金鉉之象。鼎既黃耳金鉉。則中之爲實者必美味矣。而占者則利于貞固也。因陰柔。故戒以此。

象曰。鼎黃耳。中以爲實也。

黄中色言中乃其實德也故云黄耳。

上九鼎玉鉉大吉无不利

上九居鼎之極。鉉在鼎上。鉉之象也。此爻變震。震爲玉。玉鉉之象也。玉豈可爲鉉。有此象也。亦如金車之意。鼎之爲器。承鼎在足。實鼎在腹。行鼎在耳。舉鼎在鉉。鼎至于鉉。厥成功矣。功成可以養人。亦猶井之元吉大成也。故大吉无不利。○上九以陽居陰。剛而能柔。故有溫潤玉鉉之象。占者得此。凡事大吉。而又行无不利也。占者有玉鉉之德。斯應是占矣。

象曰玉鉉在上剛柔節也

剛柔節者。言以陽居陰。剛而能節之以柔。亦如玉之溫潤矣。所以爲玉鉉也。

䷲ 震下 震上

震者。動也。一陽始生于二陰之下。震而動也。其象爲雷。其屬爲長子。序卦主器者莫若長子。故受之以震。所以次鼎。

震亨震來虩虩笑言啞啞震驚百里不喪匕鬯虩音隙啞

音厄七
音姚

虩虩、恐懼也。虩本壁虎之名。以其善于捕蠅。故曰蠅虎。因捕蠅常周環于壁間。不自安寧而驚顧。此用虩字之意。震艮二卦同體。文王綜爲一卦。所以雜卦曰、震起也。艮止也。因綜艮。艮爲虎。故取虎象。非無因而言虎也。啞啞笑聲。震大象兌、又中爻錯兌皆有喜悅言語之象。故曰笑言。匕匙也。以棘爲之。長三尺。未祭祀之先。烹牢于鑊。實諸鼎而加幂焉。將薦。乃舉幂以匕出之。升于俎上。鬯以秬黍酒和鬱金。以灌地降神者也。人君于祭之禮。親匕牲薦鬯而已。其餘不親爲也。震來虩虩者、震也。笑言啞啞者、震而亨也。此一句言常理也。震驚百里。不喪匕鬯。處大變而不失其常。此專以雷與長子言之。所以實上二句意也。一陽在坤土之中。君主百里之象。中爻艮手執之。不喪之象。中爻坎酒之象。

○言震自有亨道。何也。蓋易之爲理。危者使平。易者使傾。人能于平時安不忘危。此心常如禍患之來。虩虩然恐懼。而無慢易之心。則日用之間。舉動。

即有法則而一笑一言皆啞啞而自如矣雖或有非常之變出于倏忽之頃猶雷之震驚百里然此心有主意氣安閑雷之威震雖大而遠而主祭者自不喪匕鬯也此可見震自有亨道也不喪匕鬯乃象也非真有是事也言能恐懼則致福而不失其所主之重矣

彖曰震亨震來虩虩恐致福也笑言啞啞後有則也震驚百里驚遠而懼邇也出可以守宗廟社稷以爲祭主也

易舉正出可以守句上有不喪匕鬯四字程子亦云、今從之、恐者、恐懼也。致福者、生全出于憂患、自足以致福也。後者、恐懼之後也。非震驚之後也。則者、法則也。不違禮。不越分。即此身日用之常度也。人能恐懼。則操心危而慮患深。自不違禮越分。失日用之常度矣。即俗言懼法朝朝樂也。所以安樂自如。笑言啞啞也。驚者、卒然遇之而動乎外。懼者惕然畏之而變其中。驚者不止于懼。懼者不止于驚。遠者外卦。邇者内卦。内外皆震。遠邇驚懼之象也出者長子巳繼世而出也。可以者許之之辭也。

言禍患之來。出于倉卒之間。如雷之震。遠邇驚懼。

當此之時。乃能處之從容。應之暇豫。不喪匕鬯。則

是不懼由于能懼。雖甚有可驚懼者。亦不能動吾

之念也。豈不可以負荷天下之重器乎。故以守宗

廟。能為宗廟之祭主。以守社稷。能為社稷之祭主

矣。

象曰洊雷震君子以恐懼修省

洊者再也。上震下震。故曰洊。修理其身。使事事合

天理。省察其過。使事事遏人欲。惟此心恐懼。所以修省也。恐懼者、作于其心。修省者、見于行事。

初九震來虩虩後笑言啞啞吉

將卦辭加一後字。辭盎明白矣。初九九四陽也。乃震之所以爲震者。震動之震也。二三五上陰也。乃爲陽所震者。震懼之震也。初乃成卦之主。處震之初。故其占如此。

象曰震來虩虩恐致福也笑言啞啞後有則也

解見前

六二震來厲億喪貝躋于九陵勿逐七日得

震來厲者、乘初九之剛。當震動之時。故震之來者猛厲也。億者、大也。億喪貝、大喪其貝也。十萬曰億。豈不爲大。六五小象曰大无喪可知矣。貝者、海中之介蟲也。二變則中爻離爲蟹爲蚌。貝之象也。震爲足。躋之象也。中爻艮爲山。陵之象也。陵乘九剛。九陵之象也。又艮居七。七之象也。離爲日。日之象也。若以理數論陰陽各極于六。七則變而反其初矣。故易中皆言七日得。躋者、升也。言震來猛厲大喪此貨貝。九二乃不顧其貝。飄然而去。避于九陵。無心以逐之。不期七日自獲此貝也。其始也墮甑弗顧。其終也去珠復還。太王之遷岐。亦此意也。○六二當震動之時。乘初九之剛。故有此喪貝之象。然居中得正。此无妄之災耳。故又有得貝之象。占者得此。凡事若以柔順中正自守。始雖不免喪失。終則不求而自獲也。

象曰震來厲乘剛也

當震動之時。乘九之剛。所以猛厲不可禦。

六三震蘇蘇震行无眚

蘇即穌。死而復生也。書曰、后來其蘇是也。言后來我復生也。陰爲陽所震動。三去初雖遠。而比四則近。故下初之震動將盡。而上四之震動復生。上蘇下蘇。故曰蘇蘇。中爻坎。坎多眚。三變陰爲陽。陽得其正矣。位當矣。且不成坎體。故无眚。行者改徙之意。即陰變陽也。震性奮發有爲。故敎之以遷善改過也。唐肅宗遭祿山之變。猶私與張良娣局戲。不已。可謂不知震行无眚者矣、○六三不中不正。居

陽動乎二
震之本象。
卦之爻合九
乎四陰之中。
坎震而遂

二震之間。下震將盡而上震繼之。故有蘇蘇之象。所以然者。以震本能行而不行耳。若能奮發有爲。恐懼修省。去其不中不正。以就其中正。則自笑言啞啞而无眚矣。故教占者如此。

象曰震蘇蘇位不當也

不中不正。故不當。

九四震遂泥

遂者無反之意。泥者沉溺于險陷而不能奮發也。

上下坤土得坎水。泥之象也。坎有泥象。故需卦井卦皆言泥睽卦錯坎則曰負塗。晉元帝困于五季而大業未復宋高宗不能恢復舊基皆其泥者也。

○九四以剛居柔。不中不正。陷于二陰之間。處震懼則莫能守。欲震動則莫能奮。是旣無能爲之才。而又溺于宴安之私者也。故遂泥焉而不復反。即象而占可知矣。

象曰震遂泥未光也

未光者陷于二陰之間。所爲者皆邪僻之私。無復正大光明之事矣。所以遂泥也。與夬卦萃卦未光皆同。

六五震往來厲億无喪有事

初始震爲往。四洊震爲來。五乃君位。爲震之主。故往來皆厲也。億无喪者、大无喪也。天命未去。人心未離。國勢未至瓦解也。有事者、猶可補偏救弊以有爲也。六五處震。亦猶二之乘剛。所以爻辭同億字喪字。○六五以柔弱之才。居人君之位。當國家震動之時。故有往來危厲之象。然以其得中。才雖不足以濟變。而中德猶可以自守。故大无喪而猶能有事也。占者不失其中。則雖危无喪矣。

象曰震往來厲危行也其事在中大无喪也

危行者往行危。來行危。一往一來皆危也。其事在中者言所行雖危厲。而猶能以有事者。以其有中德也。有是中德而能有事。故大无喪。

上六震索索視矍矍征凶震不于其躬于其隣无咎婚媾有言矍俱縛反

此爻變離。離爲目。視之象也。又離火遇震動。言之象也。故明夷之主人有言。中孚之泣歌。皆離火震動也。凡震遇坎水者。皆言婚媾屯、震坎也。賁中爻、震坎也。睽上九變、正中爻坎也。此卦中爻、坎也。索者、求取也。言如有所求取。不自安寧也。矍者、瞻視徬徨也。六三蘇蘇。上六索索矍矍。三內震之極。上外震之極。故皆重一字也。震不于其躬、于其鄰者。謀之之辭也。言禍患之來。尚未及于其身。方及其鄰之時。即早見預待。天未陰雨而綢繆牖戶也。孔斌曰、燕雀處堂、子母相哺、竈突炎上、棟宇相焚。言魏不知鄰禍之將及也。此鄰之義也、婚媾者、親近也猶言夫妻也親近者不免于有言則踈遠者可知矣○上六以陰柔居震極中心危懼不能自安故有索索矍矍之象以是而往方寸亂矣豈能濟變故占者征則凶也然所以致此者以其不能圖之于早耳苟能于震未及其身之時恐懼修省則可以免索索矍矍之咎然以陰柔處震極亦不免婚媾之有言終不能笑言啞啞安于無事之天矣防之早者且有言況不能防者乎婚媾有言又占中之象也

象曰震索索中未得也雖凶无咎畏鄰戒也

中者中心也。未得者方寸亂而不能笑言啞啞也。畏鄰戒者畏禍已及于鄰。而先自備戒也。畏鄰戒方得无咎。若不能備戒。豈得无咎哉。

䷳ 艮下艮上

艮者止也。一陽止于二陰之上。陽自下升。極上而止。此止之義也。又其象爲山。下坤土乃山之質。一陽覆冒于其上。重濁者在下。輕清者在上。亦止之象也。序卦震者動也。物不可以終動。止之故受之以艮。艮者止也。所以次震。

艮其背不獲其身行其庭不見其人无咎

此卦辭以卦綜言。如井卦改邑不改井。井蹇卦利西南之類。本卦綜震。四爲人之身。故周公爻辭以四爲身。三畫之卦。二爲人位。故曰人。庭則前庭也。艮爲門闕。故門之內中間爲庭。震、行也。向上而行。面向上。其背在下。故以陽之畫初與四爲背。艮、止也。向下而立。面向下。其背在上。故以陽之畫三與上爲背。上二句以下卦言。下二句以上卦言。言止其背。則身在背後。不見其四之身。行其庭。則背在人前。不見其二之人。所以一止之間。既不見其己。又不見其人也。辭本玄妙。令人難曉。孔子知文王以卦綜成卦辭。所以彖辭說一行字。說一動字。重一時字。

彖曰艮止也時止則止時行則行動靜不失其時其道光明艮其止止其所也上下敵應不相與也是以不獲其身行其庭不見其人无咎也

以卦德卦綜卦體釋卦名卦辭。言所謂艮者。以其止也。然天下之理無窮、而夫人之事萬變。如惟其止而已。豈足以盡其事理哉。亦觀其時何如耳。蓋理當其可之謂時。時當乎艮之止則止。時當乎震之行則行。行止之動靜。皆不失其時。則無適而非天理之公。其道如日月之光明矣。豈止无咎而已。哉。然艮之所以名止者。亦非固執而不變遷也。乃止其所也。惟止其所當然之理。所以時止則止也。卦辭又曰、不獲其身。不見其人者。蓋人相與乎我。則我即得見其人。我相與乎人。則人即能獲其我。

今初之于四二之于五三之于上陰自爲陰陽自爲陽不相與應是以人不獲乎我之身而我亦不見其人僅得无咎而已若時止時行豈止无咎哉八純卦皆不相應與獨于艮言者艮性止止則固執不遷所以不光明而僅得无咎文王卦辭專以象言孔子彖辭專以理言

象曰兼山艮君子以思不出其位

兼山者內一山外一山兩重山也天下之理即位而存爻有爻之位子有子之位君臣夫婦亦然富

貴有富貴之位。貧賤有貧賤之位。患難□□亦然。有本然之位。即有當然之理。思不出其位者。正所以止乎其理也。出其位則越其理矣。

初六艮其趾无咎利永貞

艮綜震。震爲足。趾之象也。初在下。亦趾之象也。咸卦亦以人身以漸而上。○初六陰柔無可爲之才。能止者也。又居初卑下不得不止者也。以是而止。故有艮趾之象。占者如是。則不輕舉妄進。可以无咎而正矣。然又恐其正者不能永也。故又戒占者以此。

象曰艮其趾未失正也

理之所當止者曰正。即爻辭之貞也。爻辭曰利永貞。象辭曰未失正。見初之止。理所當止也。

六二艮其腓不拯其隨其心不快

腓者、足肚也。亦初震足之象。拯者、救也。隨者、從也。二比三。從三者也。不拯其隨者。不求拯于所隨之三也。凡陰柔資于陽剛者皆曰拯。渙卦初六用拯馬壯是也。二中正。八卦正位艮在三。兩爻俱善。但當艮止之時二艮止不求救于三三艮止不退聽于二所以二心不快中爻坎爲加憂爲心病不快之象也○六二居中得正比于其三止于其腓矣以陰柔之質求三陽剛以助之可也但艮性止不求拯于隨則其中正之德無所施用矣所以此心常不快也故其占中之象如此

象曰不拯其隨未退聽也

二下而三上故曰退周公不快主坎之心病而言孔子未聽主坎之耳痛而言

九三艮其限列其夤厲薰心

限者界限也上身與下身相界限卽腰也夤者連也腰之連屬不絕者也腰之在身正屈伸之際當動不當止若艮其限則上自上下自下不相連屬矣列者列絕而上下不相連屬判然其兩段也薰與熏同火烟上也薰心者心不安也中爻坎爲心病所以六二不快九三薰心坎錯離火煙之象也○止之爲道惟其理之所在而已九三位在腓之上當限之處正變動屈伸之際不當艮者也不當

艮而艮則不得屈伸而上下判隔列絕其相連矣故危厲而心常不安占者之象如此

象曰艮其限危薰心也

不當止而止則執一不能變通外既齟齬心必不安所以危厲而薰心也

六四艮其身无咎

艮其身者安靜韜晦鄉隣有鬬而閉戸括囊无咎之類是也○六四以陰居陰純乎陰者也故有艮其身之象既艮其身則無所作為矣占者如是故

无咎

象曰艮其身止諸躬也

躬即身也不能治人不能成物惟止諸躬而已故爻曰艮其身象曰止諸躬

六五艮其輔言有序悔亡

序者倫序也輔見咸卦註艮錯兌兌爲口舌輔之象也言之象也艮其輔者言不妄發也言有序者發必當理也悔者易則誕煩則支肆則忤悖則違皆悔也咸卦多象人面艮卦多象人背者以文王

卦辭艮其背故也○六五當輔出言之處以陰居
陽未免有失言之悔然以其得中故又有艮其輔
言有序之象而其占則悔亡也
象曰艮其輔以中正也
正當作止與止諸躬止字同以中而止所以悔亡
上九敦艮吉
敦與篤行之篤字同意時止則止貞固不變也山
有敦厚之象故敦臨敦復皆以土取象○上九以
陽剛居艮極自始至終一止于理而不變敦厚于

止者也。故有此象。占者如是。則其道光明。何吉如之。

象曰敦艮之吉以厚終也

厚終者。敦篤于終而不變也。賁、大畜、蠱、頤、損、蒙六卦上九皆吉者。皆有厚終之意。

易經集註卷之十終

梁山來知德先生易經集註卷之十一

平山後學崔華重訂　男纘山代山藺山齊同校

䷴ 艮下巽上　䷴ 艮下巽上

漸者漸進也。爲卦艮下巽上。有不遽進之義。漸之義也。木在山上。以漸而高。漸之象也。序卦艮者止也。物不可以終止。故受之以漸。所以次艮。

漸女歸吉利貞

婦人謂嫁曰歸。天下之事。惟女歸爲有漸。納采、問名、納吉、納徵、請期、親迎、六禮備而後成婚。是以漸者莫如女歸也。本卦不遽進。有女歸之象。因主于進。故又戒以利貞。

彖曰漸之進也女歸吉也進得位往有功也進以正可以正邦也其位剛得中也止而巽動不窮也

釋卦名。又以卦綜卦德釋卦辭。之字作漸字。女歸吉者。言必如女歸而後漸方吉也。能如女歸。則進必以禮。不苟于相從。得以遂其進之之志而吉矣。進得位者。本卦綜歸妹。二卦同體。文王綜爲一卦。故雜卦曰漸女歸待男行也。歸妹女之終也。言

妹下卦之兌進而爲漸上卦之巽得九五之位也
然不惟得位又正之中也正邦者成刑于之化也
即往有功也此以卦綜言也進不窮者蓋進之之
心愈急則進之之機益阻今卦德內而艮止則未
進之先廉靜無求外而巽順則將進之間相特而
動此所以進不窮也有此卦綜卦德吉而利貞者
以此

象曰山上有木漸君子以居賢德善俗
習俗移人賢者不免故性相近而習相遠也君子

法漸進之象。擇居處于賢德善俗之地。則耳濡目染。以漸而自成其有道之士矣。即孟子引而置之莊嶽之間之意。

初六鴻漸于干小子厲有言无咎

鴻。鴈之大者。鴻本水鳥。中爻離坎。離爲飛鳥。居水之上。鴻之象也。且其爲物。木落南翔。冰泮北歸。其至有時。其群有序。不失其時。與序于漸之義爲切。昏禮用鴻。取不再偶。于女歸之義爲切。所以六爻皆取鴻象也。小子者。艮爲少男。小子之象也。內卦錯兌外卦綜兌。兌爲口舌。有言之象也。干、水旁也。江干也。中爻小水流于山。故有干象。厲者、危厲也。以在我而言也。言者、謗言也。以在人而言也。无咎者、在漸之時。非躐等以強進。于義則无咎。○初六陰柔。當漸之時。漸進于下。有鴻漸于干之象。然少年新進。上無應與。在我不免有小子之厲。在人不免有言語之傷。故其占如此。而其義則无咎也。

象曰。小子之厲。義无咎也。

小子之厲。似有咎矣。然時當進之時。以漸而進。亦理之所宜。以義揆之。終无咎也。

六二鴻漸于磐飲食衎衎（衎苦旦反）

磐大石也。艮爲石。磐之象也。自干而磐。則逹于水而漸進矣。中爻爲坎。飲食之象也。故困卦九二言酒食。需卦九五言酒食。未濟上九言酒食。坎卦六四言樽酒。衎衎和樂也。巽綜兌。悅樂之象。言鴻漸于磐。而飲食自適也。吉即小象不素飽之意。○六二柔順中正而進以其漸。又上有九五中正之應。故其象如此。而其占則吉也。

象曰飲食衎衎不素飽也

素飽、卽素餐也。言爲人之臣。食人之食。事人之事。義所當得。非徒飲食而已也。蓋其德中正。其進漸次。又應九五中正之君。非素飽也宜矣。

九三鴻漸于陸夫征不復婦孕不育凶利禦寇

地之高平曰陸。此爻坤。陸之象也。夫指三。艮爲少男。又陽爻。故謂之夫。婦指四。巽爲長女。又陰爻。故謂之婦。本卦女歸。故以夫婦言之。征者、往也。不復者、不反也。本卦以漸進爲義。三比上四。漸進于上。溺而不知其反也。婦孕者、此爻合坎。坎中滿孕之象也。孕不育者、孕而不敢使人知其育。如孕而不育也。盖四性主入。無應而奔于三。三陽性上行。又當進時。故有此醜也。若以變爻論。三變則陽死成坤。離絶。夫位。故有。夫征不復之象。旣成坤。則並坎中之滿。通不見矣。故有婦孕不育之象。坎爲盜離爲戈兵。故有寇象。變坤故小象曰順相保。○九三過剛。當漸之時。故有自磐而進于陸之象。然上無應與。乃比于親近之四。附麗其醜而失其道矣。

非漸之貞者也。故在占者則有夫征不復婦孕不育之象。凶可知矣。惟禦寇之道。在于人和。今變坎成坤。則同心恊力。順以相保。故利也。若以之漸進。是枉道從人。夫豈可。

象曰。夫征不復。離群醜也。婦孕不育。失其道也。利用禦寇。順相保也。離力智切

離。附著也。揚子雲觧嘲云。丁傳董賢用事。諸附離之者。起家至二千石。莊子附離不以膠漆。皆此離也。群醜者。上下二陰也。夫征不復者。以附離群陰

溺而不反也。失其道者、淫奔之事。失其夫婦之正道也。順相保者、禦寇之道。在于行險而順。今變坎成坤。則行險而順矣。所以能相保禦也。鴈群不亂飛則列陣相保。三爻變坤。有鴈陣象。故曰順相保。

六四鴻漸于木或得其桷无咎

巽爲木。木之象也。下三爻一畫橫于上。桷之象也。桷者、椽也。所以乘瓦。巽爲繩直。故有此象。又坎爲宮。四居坎上。亦有桷象。凡木之枝柯未必橫而寬平如桷。鴻趾連而且長。不能握枝。故不棲木。若木之枝如桷則橫平而棲之可以安矣或得者偶然之辭未必可得偶得之也巽爲不果或得之象无咎者得漸進也○六四以柔弱之資似不可以漸進矣然巽順得正有鴻漸于木或得其桷之象占者如是則无咎也

象曰或得其桷順以巽也

變乾錯坤爲順未變爲巽巽正位在四故曰順巽

九五鴻漸于陵婦三歲不孕終莫之勝吉

高阜曰陵此爻變艮爲山陵之象也婦指二中爻

爲離中虚。空腹不孕之象也。離居三。三歲之象也。三歲不孕者。言婦不遇乎夫。而三歲不孕也。二四爲坎。坎中蒲。故曰孕。三五中虚。故曰不孕。爻辭取象精之極矣。凡正應爲君子。相比爲小人。二比三。三比四。四比五。皆陰陽相比。故此爻以三歲不孕。終莫之勝。吉言終莫之勝者。相比之小人。終不得以間之。而五與二合也。〇九五陽剛當尊。正應乎二。可以漸進。相合得遂所願矣。但爲中爻相比所隔。然終不能奪其正也。故其象如此。占者必有所遲阻而後吉也。

象曰終莫之勝吉得所願也

願者、正應相合之願也。

上九鴻漸于陸其羽可用爲儀吉

陸卽三爻之陸。中爻水在山上。故自于而陸。此爻變坎。又水在山上。故又有鴻漸于陸之象。巽性入又伏。本卦主于漸進。今進于上。則進之極。無地可進矣。巽性伏入。進退不果。故又退漸于陸也。蓋三乃上之正應。雖非陰陽相合。然皆剛明君子。故知進而又知退焉。儀者，儀則也。知進知退，惟聖人能之。今上能退于三，即蠱之志可則，盇百世之師也。故其羽可以爲儀。曰羽者，就其鴻而言之。曰羽可儀，猶言人之言行可法則也。升卦與漸卦同，是上進之卦。觀升卦上六曰利不息之貞，則此爻可知矣。胡安定公以陸作逵者，非也。蓋易到六爻極處即反，亢龍有悔之類是也。○上九木在山上，漸長至高，可謂漸進之極矣。但巽性不果，進而復退于陸焉。此則知進知退，可以起頑立懦者也。故有鴻漸于陸其羽可用爲儀之象。占者有是德。即有是吉矣。

象曰其羽可用爲儀吉不可亂也

不可亂者。鴻飛于雲漢之間。列陣有序。與凡鳥不同。所以可用爲儀。若以人事論。不可亂者。富貴利達不足以亂其心也。若富貴利達亂其心。惟知其進不知其退。惟知其高不知其下。安得可用爲儀。今知進又知退。知高又知下。所以可以爲人之儀則。

䷵ 兌下震上

婦人謂嫁曰歸。女之長者曰姊。少者曰妹。因兌爲少女。故曰妹。爲卦兌下震上。以少女從長男。其情又以悅而動。皆非正也。故曰歸妹。序卦漸者進也。進必有所歸。故受之以歸妹。漸有歸義。所以次漸。

歸妹征凶无攸利

彖辭明。漸曰女歸。自彼歸我也。娶婦之家也。此曰歸妹。自我歸彼也。嫁女之家也。

彖曰歸妹天地之大義也天地不交而萬物不興歸

妹人之終始也說以動所歸妹也征凶位不當也无攸利柔乘剛也

釋卦名。復以卦德釋之。又以卦體釋卦辭。言所謂歸妹者。本天地之大義也。蓋物無獨生獨成之理。故男有室。女有家。本天地之常經。是乃其大義也。何也、蓋男女不交則萬物不生。而人道滅息矣。是歸妹者。雖女道之終。而生育之事。于此造端。實人道之始。所以爲天地之大義也。然歸妹雖天地之正理。但說而動。則女先乎男。所歸在妹。乃妹之自爲非正理而實私情矣。所以名歸妹。位不當者、二四陰位而居陽。三五陽位而居陰。自二至五皆不當也。柔乘剛者、三乘二之剛。五乘四之剛也。有夫屈乎婦。婦制其夫之象。位不當則紊男女内外之正。柔乘剛則悖夫婦倡隨之理。所以征凶。无攸利。

象曰。澤上有雷歸妹。君子以永終知敝

永對暫言。終對始言。永終者、久後之意。兌爲毀折。有敝象。中爻坎爲通。離爲明。有知象。故知其敝。天下之事。凡以仁義道德相交洽者。則久久愈善。如劉孝標所謂風雨急而不輟其音。霜雪零而不渝其色。此永終無敝者也。故以勢合者。勢盡則情疏。以色合者。色衰則愛弛。垝垣復關之輩。雖言笑于其初。而桑落黃隕之嗟。終痛悼于其後。至于立身一敗。萬事瓦裂。其敝至此。○雷震澤上。水氣隨之而升。女子從人之象也。故君子觀其合之不正。而動于一時情欲之私。即知其終之有敝。而必至失身敗德。相爲睽乖矣。此所以欲善其終。必慎其始。

初九歸妹以娣跛能履征吉

爾雅長婦謂稚婦爲娣。娣婦謂長婦爲姒。卽今妯娌相呼也。又曲禮世婦姪娣。僉以妻之妹從妻來者爲娣也。古者諸侯一娶九女。嫡夫人之左右媵。皆以姪娣從。送女從嫁曰媵。以爾雅曲禮媵送考之。幼婦曰娣。蓋從嫁以適人者也。兌爲妾。娣之象。初在下。亦娣之象。兌爲毁折。有跛之象。震爲足。足居初中爻離爲目。目與足皆毁折所以初爻言足之跛。而二爻言目之眇也。若以變坎論。坎爲曳。亦跛之象也。跛者行之不以正。側行者也。以嫡娣論側行正所尊正室也若正行則是專正室之事矣。故以跛象之。○初九居下。當歸妹之時。而無正應。不過娣妾之賤而已。故爲娣象。然陽剛在女子爲賢正之德。但爲娣之賤。則閨閫之事不得以專成。今處悅居下。有順從之義。故亦能維持調護承助其正室。但不能專成。亦猶跛者側行而不能正行也。占者以是而往。雖其勢分之賤。不能大成其內助之功。而爲媵妾職分之當然。則已盡之矣。吉之道也。故征吉。

象曰歸妹以娣以恒也跛能履吉相承也

恒常也天地之常道也有嫡有妾者人道之常初在下位無正應分當宜于娣矣是乃常道也故曰以恒也恒字義又見九二小象相承者能承助乎正室也以其有賢正之德所以能相承故曰相承也以恒以分言相承以德言

九二眇能視利幽人之貞

眇者偏盲也一目明一目不明也或曰邪皆謂之眇解見初九先綜巽巽爲白眼亦有眇象中爻離

目視之象。幽人之貞者。幽人遭時不偶。抱道自守者也。幽人無賢君。正猶九二無賢婦。衆爻言歸妹。而此爻不言者。居兌之中。乃妹之身。是正嫡而非娣也。幽人一句。詳見前履卦。又占中之象也。○九二陽剛得中。優于初之居下矣。又有正應。優于初之無應矣。但所應者陰柔不正。是乃賢女而所配不良。不能大成內助之功。故有眇者能視而不能遠視之象。然所配不良。豈可因其不良而改其剛中之德哉。故占者利如幽人之貞可也。

象曰利幽人之貞未變常也

一與之齊○終身不改○此婦道之常也○今能守幽人之貞○則未變其常矣○故教占者如幽人之貞則利也○初爻二爻小象孔子皆以恒常二字釋之何也○蓋兌爲常○則恒常二字乃兌之情性○故釋之以此○

六三歸妹以須反歸以娣

須賤妾之稱○天文志須女四星○賤妾之稱○故古人以婢僕爲餘須○反者顛倒之意○震爲反生○故曰反●

○六居下卦之上●本非賤者也○但不中不正○又爲

悅之主舍于容悅以事人。則成無德之須賤。而人莫之取矣。故爲未得所適。反歸乎娣之象。初位卑。歸以娣宜矣。三居下卦之上。何自賤至此哉。德不稱位而成須故也。不言吉凶者。容悅之人。前之吉凶未可知也。

象曰歸妹以須未當也

未當者、爻位不中不正也。

九四歸妹愆期遲歸有時

愆過也。言過期也。女子過期不嫁人。故曰愆期。即詩標梅之意。因無正應。以陽應陽。則純陽矣。故愆期。有時者、男女之婚姻、自有其時也。蓋天下無不嫁之女。愆期者數。有時者理。若以象論。中爻坎月離日。期之之象也。四一變則純坤。而日月不見矣。故愆期。震春兌秋坎冬離夏、四時之象。震東兌西、相隔甚遠。所以愆期。四時循環。則有時矣。○九四以陽應陽而無正應。蓋女之愆期而未歸者也。然天下豈有不歸之女。特待時而歸。歸之遲耳。故有愆期遲歸有時之象。占者得此。凡事待時可也。

象曰愆期之志有待而行也

行者嫁也天下之事自有其時愆期之心亦有待其時而後嫁耳爻辭曰有時象辭曰有待皆待時之意

六五帝乙歸妹其君之袂不如其娣之袂良月幾望吉

帝乙如箕子明夷高宗伐鬼方之類君者妹也此爻變兌兌爲少女故以妹言之諸侯之妻曰小君其女稱縣君宋之臣其妻皆稱縣君是也故不曰

妹而曰君焉。袂、衣袖也。所以爲禮容者也。人之著衣。其禮容全在于袂。故以袂言之。良者、美好也。三爻爲娣。乾爲衣。三爻變乾。故其衣之袂良。五爻變兌成缺。故不如三之良。若以理論。三不中正。尚容飾。五柔中。不尚容飾。所以不若其袂之良也。月幾望者。坎月離日。震東兌西。日月東西相望也。五陰二陽。言月與日對。而應乎二之陽也。曰幾者、言光未盈滿。柔德居中而謙也。月幾望而應乎陽。又下嫁占中之象也。○六五柔中。居尊。蓋有德而貴者也下應九二、以帝有德之女下嫁于人。故有尚德而不尚飾。其服不盛之象。女德之盛無以加此。因下嫁。故又有月幾望而應乎陽之象。占者有是德。則有是吉矣。

象曰帝乙歸妹不如其娣之袂良也其位在中以貴行也

在中者、德也。以貴者、帝女之貴也。行者、嫁也。有是中德。有是尊貴。以之下嫁。又何必尚其飾哉。此所以君之袂不如娣之袂良也。

上六女承筐无實士刲羊无血无攸利

兌爲女。震爲士。筐乃竹所成。震爲竹。又仰盂空虛無實之象也。又變離。離亦中虛無實之象也。中爻坎爲血卦。血之象也。兌爲羊。羊之象也。震綜艮。艮爲手。承之象也。離爲戈兵。刲之象也。羊在下。血在上。無血之象也。凡夫婦祭祀承筐而採蘋蘩者。女之事也。刲羊而實爵俎者。男之事也。今上與三皆陰爻。不成夫婦。則不能供祭祀矣。无攸利者。人倫以廢。後嗣以絕。有何攸利。刲者、屠也。○上六以陰柔居卦終而无應。居終則過時。无應則无配。盍歸妹之不成者也。故有承筐无實。刲羊無血之象。占者得此。无攸利可知矣。

象曰上六无實承虛筐也

上爻有底而中虛。故曰承虛筐。

䷶ 離下震上

豐盛大也。其卦離下震上。以明而動。盛大之由也。又雷電交作。有盛大之勢。乃豐之象也。故曰豐。序卦得其所歸者必大。故受之以豐。所以次歸妹。

豐亨王假之勿憂宜日中

亨者、豐自有亨道也。非豐後方亨也。假、至也。必以王言者。盖王者車書一統而後可以至此也。此卦離日在下。日已昃矣。所以周公爻辭言見斗見沬若皆此意。勿憂宜日中一句讀。言王者至此勿憂宜日中、不宜如是之昃。昃則不能照天下也。孔子乃足之曰、日至中不免于昃。徒憂而已。文王已有此意。但未發出。孔子乃足之。離日象。又王象。錯坎憂象。

彖曰豐大也明以動故豐王假之尚大也勿憂宜日中宜照天下也日中則昃月盈則食天地盈虛與時消息而況於人乎況於鬼神乎

以卦德釋卦名又以卦象釋卦辭而足其意非明則動無所之冥行者也非動則明無所用空明者也惟明動相資則王道由此恢廓故名豐尚大者所尚盛大也非王者有心欲盛大也其勢自盛大也撫盈盛之運不期侈而自侈矣宜照天下者遍照天下也日昃則不能遍照矣日中固照天下然

豈長日中哉。盍日以中爲盛。日中則必昃。月以盈爲盛。月盈則必食。何也。天地造化之理。其盈虛每因時以消息。時乎息矣。必至于盈。時乎消矣。必至于虛。虛而息。息而盈。盈而消。消而虛。此必然之理數也。天地盈虛。與時消息。天地且不常盈不虛。而況于人與鬼神乎。可見國家無常豐之理。不可憂其宜日中、不宜本卦之日昃也。鬼神是天地之變化運動者。如風雲雷雨、凡陽噓陰吸之類皆是。

象曰。雷電皆至豐。君子以折獄致刑

始而問獄之時法電之明以折其獄是非曲直必得其情終而定刑之時法雷之威以定其刑輕重大小必當其罪

初九遇其配主雖旬无咎往有尚

遇字詳見噬嗑六三配主者初爲明之初四爲動之初故在初曰配主在四曰夷主也因宜日中一句故爻辭皆以日言文王象豐以一日象之故曰勿憂宜日中周公象豐以十日象之故曰雖旬无咎十日爲旬言初之豐以一月論已一旬也言正

豐之時也○當豐之初。明動相資。故有遇其配主之象。既遇其配。則足以濟其豐矣。故雖豐已一旬亦無災咎。可嘉之道也。故占者往則有尚。

象曰雖旬无咎過旬災也

雖旬无咎。周公許之之辭。過旬咎也。孔子戒之之辭。過旬災者。言盛極必衰也。

六二豐其蔀日中見斗往得疑疾有孚發若吉

蔀、蔀、草名。中、爻巽草之象也。故大過下巽曰白茅。泰卦下變巽曰拔茅。屯卦震錯巽曰草昧。皆以巽爲陰柔之水也因王弼以蔀字爲覆曖後人編玉篇即改蔀覆也斗量名應爻震有量之象故取諸斗南斗北斗皆如量所以名斗易止有此象無此事亦無此理如金車玉鉉之類是也又如刲羊無血天下豈有殺羊無血之理所以易止有此象本卦離日在下雷在上震爲蕃草蕃盛之象也言草在上蕃盛日在下不見其日而惟見其斗也疑者援其所不及煩其所不知必致猜疑也疾者持方柄以內圓鑿反見疾惡也有孚者誠信也離中虛

有孚之象也。發者、感發開導之也。若、助語辭。吉者、至誠足以動人。彼之昏暗可開。而豐亨可保也。貞字。誠字。乃六十四卦之樞紐。聖人于事難行處。不教人以貞。則教人以有孚。○六二居豐之時。爲離之主。至明者也。而上應六五之柔暗。故有豐其蔀。不見其日。惟見其斗之象。以是昏暗之主。往而從之。彼必見疑疾。有何益哉。惟在積誠信以感發之則吉。占者當如是也。

象曰。有孚發若。信以發志也

志者君之心志也信以發志者盡一己之誠信以
感發其君之心志也能發其君之志則己之心與
君之心相爲流通矣伊尹之于太甲孔明之于後
主郭子儀之于肅宗代宗用此道也

九三豐其沛日中見沬折其右肱无咎沬音末
沛澤也沛然下雨是也乃雨貌沬者水源也故曰
涎沫濡沫跳沫流沫乃霡霂細雨不成水之意此
爻未變中爻兌爲澤沛之象也既變中爻成坎水
矣沫之象也三爻巽木故以草象之三爻澤水故

以沫象之。周公爻辭精極至此。王弼不知象。以蔀爲覆曖。後儒從之。即以爲障蔽。王弼以沛爲旆。後儒亦以爲旆。殊不知雷在上。中爻有澤有風。方取此沛沫之象。何曾有旆之象哉。相傳之謬有自來矣。肱者、手臂也。震綜艮。中爻兌錯艮。艮爲手。肱之象也。又兌爲毀折。折其肱之象也。曰右者、陽爻爲右。陰爻爲左。故師之左次。明夷之左股左腹皆陰爻也。此陽爻。故以右言之。右肱至便于用。而人不可少者。折右肱。則三無所用矣。无咎者、德在我。其用與不用在人。以義揆之无咎也。○九三處明之極。而應上六之柔暗。則明有所蔽。故有豐其沛。不見日而見沫之象。夫明既有所蔽。則以有用之才。置之無用之地。故又有折其右肱之象。雖不見用。乃上六之咎也。于三何尤哉。故无咎。

象曰豐其沛不可大事也折其右肱終不可用也

不可大事。與遯卦九三同。皆言艮止也。蓋建立大事以保豐亨之人。必明與動相資。今三爻變中爻成艮。上雖動而不明矣。動而又止。安能大事哉。其不可濟豐也必矣。周公爻辭。以本爻未變言。孔子象辭。以本爻既變言。人之所賴以作事者。在右肱也。今三爲時所廢。是有用之才。而置無用之地。如人折右肱矣。所以終不可用。

九四豐其蔀日中見斗遇其夷主吉

夷者、等夷也。指初也。與四同德者也。二之豐蔀見斗者。應乎其昏暗也。四之豐蔀見斗者。比乎其昏暗也。若以象論二居中爻巽木之下。四居中爻巽木之上。巽陰木蔀之類也。所以爻辭同吉者。有明動

相資共濟其豐之事也○當豐之時比乎昏暗故亦有豐蔀見斗之象然四與初同德相應共濟其豐又有遇其夷主之象吉之道也故其象占如此

象曰豐其蔀位不當也日中見斗幽不明也遇其夷主吉行也

幽不明者初二日中見斗是明在下而幽在上二之身猶明也若四之身原是蔀位則純是幽而不明矣行者動也震性動動而應乎初也

六五來章有慶譽吉

凡卦自下而上者謂之往。自上而下者謂之來。此來字非各卦之來。乃召來之來也。謂屈己下賢以召來之也。章者、六二離本章明。而又居中得正。本卦明以動。故豐。非明則動無所之。非動則明無所用。二五居兩卦之中。明動相資。又非豐蔀見斗之說矣。此易不可爲典要也。慶者、福慶集于己也。譽者、聲譽聞于人也。此爻變兌。兌爲口。有譽象。吉者、可以保豐亨之治也。○六五爲豐之主。六二爲之正應。有章明之才者。若能求而致之。則明動相資。

有慶譽而吉矣。占者能如是。斯應是占也。

象曰六五之吉有慶也

有慶方有譽。未有無福慶而有譽者。舉慶則譽在其中矣。

上六豐其屋蔀其家闚其戶閴其无人三歲不覿凶

此爻與明夷初登于天後入于地相同。以屋言者。凡豐亨富貴未有不潤其屋者。豐其屋者。初登于天也。蔀其家以下。後入于地也。蔀其家者。草生于屋。非復前日之炫燿而豐矣。豐其蔀。本周公爻辭。

今將豐蔀二字分開則知上豐字乃豐之極下蔀字乃豐之反矣故小象上句以爲天際翔也闚者窺視也離爲目窺之象也闃者寂靜也闃其无人者戶庭寂靜而无人也三歲不覿者變離離居三也言窺其戶寂靜無人至于三年之久猶未見其人也凶者殺身亡家也泰之後而城復于隍豐之後而闃寂其戶處承平豈易哉○上六以柔暗之質居明動豐亨之極承平既久奢侈日盛故有豐其屋之象然勢極則反者理數也故離之明極必

反其暗有草塞其家而暗之象震之動極必反其靜有聞其无人三年不覿之象占者得此凶可知矣

象曰豐其屋天際翔也闚其戶闃其无人自藏也

言豐極之時其勢位炙手可熱如翺翔于天際雲霄之上人可仰而不可即上六天位故曰天及爾敗壞之後昔之光彩氣熖不期掩藏而自掩藏矣權臣得罪披離之後多有此氣象

䷷ 艮下離上

旅羇旅也。爲卦山内火外。内爲主。外爲客。山止而不動。猶舍館也。火動而不止。猶行人也。故曰旅。序卦豐大也。窮大者。必失其居。故受之以旅。所以次豐。唐玄宗開元初海内富安行者雖萬里不持寸兵及其天寶以後自恃承平以爲天下無復可憂遂深居禁中以聲色自娛悉以政事委之李林甫及祿山陷京師乃幸蜀遂有馬嵬之變此窮極于大者必失其居之驗也旅非専指商賈。凡客于外者皆是。

旅小亨旅貞吉

小亨者亨之小也。旅途親寡。勢渙情疎。縱有亨適之事。亦必微小。故其占爲小亨。然其亨者以其正也。道無往而不在。理無微而可忽。旅途之間。能守此正。則吉而亨矣。小亨者占之亨也。旅貞吉者聖人教占者處旅之道也。

彖曰旅小亨柔得中乎外而順乎剛止而麗乎明是以小亨旅貞吉也旅之時義大矣哉

以卦綜卦德釋卦辭而嘆其大。本卦綜豐。二卦同體。文王綜爲一卦。故雜卦曰豐多故。親寡旅也。豐下卦之離。進而爲旅之上卦。所以柔得中乎外卦。而又親比上下之剛也。明者。已之明也。非麗人之明也。止而麗乎明。與睽說而麗乎明同。只是內止外明也。羈旅之間。柔得中。不取辱。順乎剛。不招禍。止而不妄動。明而識時宜。此四者。處旅之正道也。有此正道。是以占者小亨。若占者能守此旅之正道。則吉而亨矣。大本贊辭。然乃嘆辭也。言旅本小事。必柔中順剛。止而麗明。方得小亨。則難處者旅之時難盡者旅之義人不可以其小事而忽之也。
與豫隨姤同。
象曰山上有火旅君子以明慎用刑而不留獄
明其刑以罪之輕重言慎其刑以罪之出入言不留者既決斷于明慎之後當罪者即罪之當宥者即宥之不留滯淹禁也非留于獄中也因綜豐雷火故亦言用刑明者火之象慎者止之象不留者旅之象
初六旅瑣瑣斯其所取災

瑣者細屑猥鄙貌。初變則兩離矣。故瑣而又瑣瑣者羈旅之間。計財利得失之毫末也。斯者此也。取災者自取其災咎也。斯其所以取災者。因此瑣瑣自取災咎。非由外來也。旅最下則瑣瑣取災。旅家上則焚巢致凶。必如象之柔中順剛止而麗明。方得盡善。○初六陰柔在下。蓋處旅而猥鄙細屑者也。占者如是。則召人之輕侮而自取災咎矣。故其象占如此。

象曰旅瑣瑣志窮災也

志窮者心志窮促淺狹也。惟其志窮所以瑣瑣取

災。

六二旅即次懷其資得童僕貞

即者就也。次者旅之舍也。艮爲門、二居艮止之中。即次得安之象也。資者財也。旅之用也。中爻巽。巽爲近市利三倍。懷資之象也。故家人六四富家大吉。少曰童。長曰僕。旅之奔走服役者也。艮爲少男。綜震爲長男。童僕之象也。貞者良善不欺也。陰爻中虚有孚貞信之象也。○六二當旅之時。有柔順

中正之德。故有即次懷資童僕貞之象。蓋旅之最吉者也。占者有是德。斯應是占矣。

象曰得童僕貞終无尤也

羇旅之中得即次懷資。可謂吉矣。若使童僕狡猾。則所居終不能安。而資亦難保其不盜矣。此心安得不至怨尤。所以童僕貞終无尤。

九三旅焚其次喪其童僕貞厲

三近離火。焚次之象也。三變為坤。則非艮之男矣。喪童僕之象也。貞者、童僕之貞信者喪之也。貞字連童僕讀盡九三過剛不中。與六二柔順中正全相反。焚次與即次反。喪童僕貞與得童僕貞反。得字對喪字看。故知貞字連童僕。○九三居下之上。過剛不中。居下之上。則自高不能下人。過剛則衆莫之與。不中則所處失當。故有焚次喪童僕貞之象。危厲之道也。故其象占如此。

象曰旅焚其次亦以傷矣以旅與下其義喪也

焚次已傷困矣。況又喪童僕貞乎。但以義揆之以旅之時而與下過剛如此。宜乎喪童僕也。何足為三惜哉。下字即童僕。

九四旅于處得其資斧我心不快

處者居也。息也。旅處與即次不同。即次者、就其旅舍已得安者也。旅處者、行而方處暫棲息者也。艮土性止。離火性動。故次與處不同。資者、助也。即六二懷資之資。財貨金銀之類。斧則所以防身者也。得資足以自利。得斧足以自防。皆旅之不可無者。離爲戈兵。斧之象也。中爻上兌金下巽木。木貫乎金。亦斧之象也。旅于處則有棲身之地。非三之焚

象

次矣。得資斧則有禦備之具。非三之喪童僕矣。離錯坎爲加憂。不快之象。此爻變中爻成坎。亦不快之象。○九四以陽居陰。處上之下。乃巽順以從人者也。故有旅于處得其資斧之象。但下應陰柔。所托非人。故又有我心不快之象。占者亦如是也。

六五射雉一矢亡終以譽命

離爲雉。雉之象也。錯坎。矢之象也。變乾。乾居一之象也。始而離則有雉矢二象。及變乾則不見雉與矢矣。故有雉飛矢亡之象。譽者兌也。兌悅體。又爲口以口悅人譽之象也凡易中言譽者皆兌如蠱卦用譽中爻兌也蹇卦來譽下體錯兌也豐卦慶譽中爻兌也命命令也以者用也言五用乎四與二也本卦中爻乃兌與巽兌爲譽巽爲命六五比四而順剛又應乎二之中正四乃兌二乃巽所以終得聲譽命令也如玄宗幸蜀及肅宗卽位于外德宗幸奉天皆天子爲旅也可謂雉飛矢亡矣後得郭子儀諸臣恢復故物終得其譽又得命令于天下如建中之詔是也○六五當羈旅之時以

其陰柔故有射雉雉飛矢亡之象然文明得中能順乎四而應乎二故終以譽命也占者凡事始凶終吉可知矣

象曰終以譽命上逮也

上者五也五居上體之中故曰上以四與二在下也逮及也言順四應二賴及于四二所以得譽命也

上九鳥焚其巢旅人先笑後號咷喪牛于易凶易音亦

離其爲木也科上槁巢之象也離爲鳥爲火中爻

巽爲木爲風。鳥居風木之上。而遇火。火燃風烈。焚巢之象也。旅人者九三也。乃上九之正應也。三爲人位。得稱旅人。先笑者、上九未變。中爻兌悅。笑之象也。故與同行正應之旅人爲之相笑。及焚其巢。上九一變。則悅體變爲震動。成小過災眚之凶。矣。豈不號咷。故先笑後號咷也。離爲牛。牛之象也。與大壯喪羊于易同。易卽埸。田畔地也。震爲大塗。有此象。○上九當羇旅窮極之時。居卦之上。則自高。當離之極。則躁妄。與柔中順剛止而麗明者相

反故以之即次則無棲身之地有鳥焚其巢一號變笑為號咷之象以之懷資則無守衛之人有喪牛于易之象欲止無地欲行無資何凶如之故占者凶

象曰以旅在上其義焚也喪牛于易終莫之聞也

在上過于高亢宜乎見惡于人而焚巢既見惡于人則人莫有指而聞之者而牛不可獲矣錯坎為耳痛故莫之聞

䷸ 巽下巽上

巽入也。二陰伏于四陽之下。能巽順乎陽。故名爲巽。其象爲風。風亦取入義。亦巽之義也。序卦旅而無所容。故受之以巽。旅途親寡。非巽順何以取容。所以次旅。

巽小亨利有攸往利見大人

小亨者。以卦本屬陰。又卑巽也。惟其如是。則才智不足以識遠任重。僅可小亨。雖小亨。然利有所往。蓋巽以從人。人無不悅。所以利有攸往。然使失其所從。未必利往。縱使利往。失其正矣。故利見大德

之人此則因其從陽而教之以所從之人也

彖曰重巽以申命剛巽乎中正而志行柔皆順乎剛是以小亨利有攸往利見大人

釋卦義又以卦體釋卦辭重巽者上下皆巽也申命者丁寧重復也非兩番降命也風之吹物無處不入無物不鼓動詔令之入人亦如風之動物也陸贄從狩奉天所下制書日以百計雖勇夫悍卒無不感動流涕則申命之係于人君亦大矣剛巽乎中正指九五巽乎中正者居巽卦之中正也志

行者。能行其志也。蓋剛居中正。則所行當其理。而無過中失正之弊。凡出身加民。皆建中表正而志以行矣。此大人之象也。柔指初與四。剛指二三五六。惟柔能順乎剛。是以小亨。利有攸往。惟剛巽乎中正。故利見大人。

象曰。隨風巽。君子以申命行事

前風去而後風隨之。故曰隨風。申命者。隨風之象也。申命者。所以曉諭于行事之先。行事者。所以踐言于申命之後。其實一事也。商之盤庚。周之洛誥。

諄諄于言語之間者欲民曉知君上之心事所以申命行事也故建中之詔雖不及商周而隨時救弊亦未必無小補云

初六進退利武人之貞

巽爲進退進退之象也變乾純剛故曰武人故履六三變乾亦曰武人皆陰居陽位變陽得稱武人也盖陰居陽位則不正變乾則貞矣故曰利武人之貞曰利武人之貞如云利陽剛之正也○初六陰柔居下又爲巽之主乃卑巽之過者也是以待

狐疑之心。凡事是非可否莫之適從。故有進退之象。若此者以剛果之不足也。苟能如武人之貞。則有以矯其柔懦之偏。不至于過巽矣。故教占者如此。

象曰進退志疑也利武人之貞志治也

進退者、以陰柔居巽下。是非可否莫之適從。志疑故也。惟疑則方寸已亂。不能決進退矣。若柔而濟之以剛。則心之所之者有定見。事之所行者有定守。可進則決于進。可退則決于退。不待疑于兩可。

治而不亂矣。

九二巽在牀下用史巫紛若吉无咎

一陰在下。二陽在上。牀之象。故剥以牀言。巽性伏。二無應于上。退而比初。心在于下。故曰牀下。中爻爲兊。又巽綜兊。兊爲巫。史巫之象也。又爲口舌。爲毀。爲附。紛若之象也。史掌卜筮。曰史巫者、善于卜吉凶之巫也。故曰史巫。非兩人也。周禮女巫有府一人、史四人、胥四人、離騷云、巫咸將夕降兮、懷椒糈而要之、注巫咸古之神巫、善于筮吉凶者、紛者、繽紛雜亂貌。若、助語辭。巫者、擊鼓擊缶。婆娑其舞手舞足蹈。不安寧之事也。必曰巫者。男曰覡。女曰巫。巽爲少女。故以巫言之。初乃陰爻。居于陽位。二乃陽爻。居于陰位。均之過于卑巽者也。初教之以武人之貞。教之以直前勇敢也。二教之以巫之紛若。教之以抖擻奮發也。初陰據陽位。故教以男子之武。二陽據陰位。故教以女人之紛。爻辭之精如此。○二以陽處陰而居下。無應。乃比乎初。故有巽在牀下之象。然居下體。亦過于卑巽者。必不自安

蓋如史巫之紛若鼓舞動作則有以矯其柔懦之偏不惟得其吉而在我亦無過咎矣教占者當如是也

象曰紛若之吉得中也

得中者得中而不過于卑巽也凡小象二五言中字皆因中位又兼人事

九三頻巽吝

頻者數也三居兩巽之間一巽既盡一巽復來頻巽之象曰頻巽則頻失可知矣頻巽與頻復不同

頻復者終于能復也。頻巽者終于不巽也。○九三過剛不中。又居下體之上。本不能巽。但當巽之時。不容不巽矣。然屢巽屢失。吝之道也。故其象占如此。

象曰頻巽之吝志窮也

三本剛而位又剛。已不能巽矣。又乘剛。安能巽。曰志窮者。言心雖欲巽而不得巽也。

六四悔亡田獲三品

中爻離爲戈兵。巽錯震。戈兵震動。田之象也。離居二下三品之象也。三品者，初巽爲雞，二兌爲羊，三離爲雉也。○六四當巽之時，陰柔無應，承乘皆剛，宜有悔矣。然以陰居陰，得巽之正，又居上體之下，蓋居上而能下者也。故不惟悔亡，而且有田獲三品之象。占者能如是，則所求必得而有功矣。

象曰：田獲三品，有功也。

八卦正位巽在四，所以獲三品而有功。

九五：貞吉，悔亡，无不利，无初有終。先庚三日，後庚三日，吉。

先庚後庚詳見蠱卦。五變則外卦爲艮成蠱矣。先庚丁、後庚癸、其說始于鄭玄、不成其說、○九五居尊。爲巽之主。命令之所由出者也。以其剛健中正。故正而又吉。然巽順之體。初時不免有悔。至此則悔亡而无不利矣。惟其悔亡而无不利。故无初有終也。然命令之出。所係匪輕。必原其所以始慮其所以終。先庚三日。後庚三日。庶乎命令之出。如風之吹物。無處不入。無物不鼓動矣。占者必如是而吉也。

象曰九五之吉位中正也

剛健中正。未有不吉者。曰悔亡者、巽累之也。故孔子止言九五之吉。

上九巽在牀下喪其資斧貞凶

本卦巽木綜兌金。又中爻兌金。斧之象也。又中爻離爲戈兵。亦斧之象也。陰乃巽之主。陰在下四爻。上亦欲比乎四。故與二之巽在牀下同。九三九五不言牀下者。三過剛。五居中得正也。巽近市利三倍。本有其資。此爻變坎爲盜。則喪其資矣。且中爻離兌斧象皆在下爻不相管攝是喪其斧矣貞者巽本實德也○上九居巽之終而陰居于下當巽之時故亦有巽在牀下之象但不中不正窮之極矣故又有喪其資斧之象占者得此雖正亦凶也

象曰巽在牀下上窮也喪其資斧正乎凶也

上窮者言上九之時勢也非釋巽在牀下也巽在牀下乃本卦之事當巽之時不容不巽者也正乎凶即爻辭貞凶

䷹ 兌下兌上

兌悅也。一陰進于二陽之上，喜悅之見于外也。故爲兌。序卦巽者入也。入而後悅之。故受之以兌。所以次巽。

兌亨利貞

亨者，因卦之所有而與之也。貞者，因卦之不足而戒之也。說則亨矣。但陰陽相說，易流于不正。故戒以利貞。

彖曰：兌，說也。剛中而柔外，說以利貞，是以順乎天而應乎人。說以先民，民忘其勞；說以犯難，民忘其死。說

之大民勸矣哉先西薦反 難乃旦反

釋卦名又以卦體釋卦辭而極言之兌說也與咸感也同咸去其心說去其言故咸則無心之感兌則無言之說也剛中指二五柔外指三上陽剛居中中心誠實之象柔爻在外接物和柔之象外雖柔說中實剛介是之謂說而貞故利貞易有天道焉順天者上兌也有人道焉應人者下兌也揆之天理而順故順天即之人心而安故應人天理人心正而已矣若說之不以正則不能順應矣民未

其勞。如禹之隨山濬川。周宣之城朔方是也。民忘其死。如湯之東征西怨。岳飛蔡州朱仙鎮之戰是也。○說本有亨。而又利貞者。蓋卦體剛中。則所存者誠。固無不亨。柔外。恐說之不正。故必正而後利也。說得其正。是以順天應人。以之先民。民忘其勞。以之犯難。民忘其死。夫好逸惡死。人情之常。今忘勞忘死。非人情也。而忘之者。以說而不自知其勞且死也。曷爲而說也。知聖人勞我以逸我。死我以生我也。是以說而自勸也。夫勸民與民自勸相去遠矣。是以聖人大之。曰說之大民勸矣哉。此正之所以利也。

象曰麗澤兌君子以朋友講習

麗者、附麗也。兩澤相麗。交相浸潤。互有滋益。水就濕各以類而相從。朋友之道。不出乎此。習者、鳥數飛也。其字从羽。月令鷹乃學習。借鳥以明學。蓋習行所傳之業。爲之習熟不已也。講者、資友講之以究其理。習者、我自習之以踐其事。朋友之間。從容論說以講之于先。我又切實體驗以習之于後。則心與理相涵而所知者益精身與事相安而所能者益固。欲罷不能。而真說在我矣。

初九和兌吉

和與中庸發而皆中節謂之和和字同。謂其所悅者無乖戾之私。皆情性之正。道義之公也。吉者無惡無射。家邦必達之意。蓋悅能和即順天應人。豈不吉。○初九以陽爻居說體而處最下。又無應與之係。說得其正者也。故其象占如此。

象曰和兌之吉行未疑也

本卦說體。不當陰陽相比二比三。三比四。五比六。陰陽相比。則不能無疑。故夬卦上說體小象曰中未光也。萃卦曰、志未光也。未光者、因可疑而未光也。故上六引兌亦曰未光。本卦獨初爻無比。無比則無所疑矣。故曰行未疑也。行者、與人和悅也。變坎爲狐疑。疑之象也。

九二孚兌吉悔亡

本卦無應與。專以陰陽相比言。剛中爲孚。居陰爲悔。蓋來兌在前。私係相近。因居陰不正。所以不免悔也。九二當兌之時。承比陰柔。說之當有悔矣。然剛中之德。孚信內充。雖比小人。自守不失正。所謂和而不同也。占者能如是。以孚而說。則吉而悔亡矣。

象曰孚兌之吉信志也

心之所存爲志。信志卽誠心二字。二剛實居中。誠信出于剛中之志。豈又悅小人而自失。革九四辭同義。與革則人信。孚則巳信。

六三來兌凶

自內至外爲往。自外至內爲來。凶者、非惟不足以得人之與。且有以取人之惡。所以凶也。何也、蓋初剛正。二剛中。乃君子也。說之不以道。豈能說哉。求親而反踈矣。如弘羁嘗元忠之糞。彭孫濯李憲之足。丁謂拂萊公之鬚。皆爲人所賤。而至今猶有遺羞焉。豈不凶。○三陰柔不中正。上無應與。近比于初與二之陽。乃來求而悅之。是自卑以求悅于人。不知有禮義者矣。故其占凶。

象曰。來兌之凶。位不當也。

陰柔不中正。

九四商兌未寧介疾有喜

商者商度也。中爻巽。巽爲不果。商之象也。寧者安寧也。兩間謂之介。分限也。故人守節亦謂之介。四與三上下異體。猶疆介然。故以介言之。比乎五者公也理也。故不敢舍公而從私。比乎三者私也情也。故不能割情而就理。此其所以商度未寧也。商者四。介者九。○四承九五之中正。而下比六三之柔邪。故有商度未寧之象。然質本陽剛。若能介然守正。疾惡柔邪。而相悅乎同體之五。如此則有喜矣。故戒占者如此。

象曰九四之喜有慶也

與君相悅。則得行其陽剛之正道。而有福慶矣。

九五孚于剝有厲

剝謂陰能剝陽。指上六也。剝卽剝卦消陽之名。兌之九五。正當剝之六五。故言剝。以人事論。如明皇之李林甫、德宗之盧杞、皆以陰柔容悅剝乎陽者也。孚者、憑國家之承平。恃一已之聰明。以小人不足畏而孚信之。則內而蠱惑其心志。外而壅蔽其政令。國事日爲之紊亂矣。所以有厲。因悅體人易孚之。所以設此有厲之戒。不然。九五中正。安得有厲。○九五陽剛中正。當悅之時。而居尊位。密近上六。上六陰柔。爲悅之主。處悅之極。乃妄悅以剝陽者也。故戒占者若信上六則有危矣。

象曰孚于剝位正當也

與履九五同。

上六引兌

引者開弓也心志專一之意與萃引吉之引同中爻離錯坎坎爲弓故用引字萃六二變坎故亦用引字本卦二陰三曰來兌止來于下其孚猶緩其爲害淺至上六則悅之極矣故引兌開弓發矢其情甚急其爲害深故九五有厲○上六陰柔居悅之極爲悅之主專于悅五之陽者也故有引兌之象不言吉凶者五巳有危厲之戒矣

象曰上六引兌未光也

未光者私而不公也盖悅至于極則所悅者必暗

昧之事。不光明矣。故萃卦上體乃悦。亦曰未光。

易經集註卷之十一終

梁山來知德先生易經集註卷之十二

平山後學崔華重訂　男繼山代山萬齡齊同校

䷺ 坎下巽上

渙者離散也。其卦坎下巽上。風行水上。有披離解散之意。故爲渙。序卦兌者說也。說而後散之。故受之以渙。所以次兌。

渙亨。王假有廟。利涉大川。利貞。

坎錯離。離爲日。王之象也。中爻艮。艮爲門闕。又坎爲宮。廟之象也。又坎爲隱伏。人鬼之象也。木在水上。利涉大川之象也。王假有廟者。王至于廟以聚之也。此二句皆以象言。非真假廟涉川也。假有廟者。至誠以感之。聚天下之心之象也。涉大川者。冒險以圖之。濟天下之艱之象也。如沛公約法三章。以聚天下之心。即假有廟之象也。沛公當天下土崩瓦解。正渙之時。使不約法三章。雖立千萬廟以聚祖之精神。亦何益哉。且當時太公留于項羽。況祖考乎。易盡有此象、而無此事、無此理也、利貞者戒之也。

彖曰渙亨剛來而不窮柔得位乎外而上同王假有廟王乃在中也利涉大川乘木有功也

以卦綜釋卦辭本卦綜節二卦同體文王綜爲一卦故雜卦曰渙離也節止也剛來不窮者言節上卦坎中之陽來居于渙之二也言剛來亦在下之中不至于窮極也柔得位乎外而上同者節下卦兌三之柔上行而爲巽之四與五同德以輔佐乎五也八卦正位乾在五巽在四故曰得位故曰上同王乃在中者中爻艮爲門闕門闕之內即廟矣

今九五居上卦之中。是在門闕之內矣。故曰王乃在中也。乘木者、上卦巽木乘下坎水也。有功者、即利涉也。因有此卦綜之德。故能王乃在中。至誠以感之。以聚天下之心。乘木有功。冐險以圖之。以濟天下之難。此渙之所以亨也。

象曰風行水上渙先王以享于帝立廟

享帝立廟。在國家盛時說。非土崩瓦解之時也。與王假有廟不同。孔子在渙字上生出此意來。言王者享帝而與天神接。立廟而與祖考接。皆聚巳之精神以合天人之渙也。風在天上。天神之象。水在地下。人鬼之象。享帝則天人感通。立廟則幽明感通。

初六用拯馬壯吉

坎爲亟心之馬。馬壯之象也。陳平交歡太尉而易呂爲劉。仁傑潛授五龍而反周爲唐。皆拯急難而得馬壯者也。○初六當渙之初。未至披離之甚。猶易于拯者也。但初六陰柔。才不足以濟之。幸九二剛中。有能濟之具者。初能順之。託之以濟難。是猶拯急難而得馬壯也。故有此象。占者如是則吉也。

象曰初六之吉順也

順二也。

九二渙奔其机悔亡

奔者、疾走也。中爻震足。坎本亟心。奔之象也。又當世道渙散。中爻震動不已。皆有出奔之象。机木也、出蜀中、似榆、可燒以糞稻田、山海經云、大堯之上多松栢、多机是也、中爻震木。應爻巽木。机之象也。指五也。○當渙之時。二居坎陷之中。本不可以濟渙而有悔也然應九五中正之君君臣同德故出險以就五有奔于其机之象當天下渙散之時汲汲出奔以就君得遂其濟渙之願矣有何悔焉故占者悔亡

象曰渙奔其机得願也

得遂其濟渙之願

六三渙其躬无悔

六三居坎體之上險將出矣且諸爻獨六三有應援故无悔渙其躬者奮不顧身求援于上也○六

三陰柔本不可以濟渙。然與上九爲正應。乃親自求援于上九。雖以陰求陽。宜若有悔。然志在濟時。故无悔也。教占者必如此。

象曰。渙其躬。志在外也。

在外者。志在外卦之上九也。

六四。渙其群。元吉。渙有丘。匪夷所思。

渙其群者。渙其人也。當渙之時。土崩瓦解。人各植黨。如六國之爭衡。田橫之海島。隗囂之天水。公孫述之于蜀。唐之藩鎮。尾大不掉。皆所謂群也。政無多問勢無兩大脛大于股則難步指大于臂則難把故當渙其群也六四能渙小人之私群成天下之公道所以元吉柔得位乎外而上同豈不元吉渙丘者渙其土也艮爲土丘之象也頤上卦艮故曰丘頤此卦中爻艮故亦以丘言之渙其丘如漢高祖封韓信爲齊王又爲楚王及陳豨反以四千戶封趙將是也夷者平常也言非平常之人思慮所能及也如高祖以四千戶封趙將左右諫曰封此何功高祖曰非汝所知陳豨反趙地皆豨有吾

羽檄天下兵未有至者今計獨邯鄲兵耳吾何愛四千戶蓋左右諫者乃平常之人匪夷所思于此見矣○六四上承九五當濟渙之任者也所居得正而下無應與則外無私交故有渙其群之象占者如是則正大光明無比黨攜貳之私固大善而元吉矣然所渙者特其人耳若並其土而渙之則其元吉猶不殊于渙群但渙其群者人皆可能而渙其丘者必才智出衆之人方可能之殆非平常思慮之所能及也故又教占者以此

象曰渙其群元吉光大也

凡樹私黨者皆心之暗昧狹小者也惟無一毫之私則光明正大自能渙其群矣故曰光大也

九五渙汗其大號渙王居无咎

上卦風以散之下卦坎水汗之象也巽綜兑兑爲口號之象也五爲君又陽爻大號之象也散人之疾而使之愈者汗也解天下之難而使之安者號令也大號如武王克商武成諸篇及唐德宗罪巳之詔皆是也王居者帝都也如赤眉入長安正渙

之時矣。光武乃封更始爲淮陽王而定都洛陽。是也。又如徽欽如金。正渙之時矣。建炎元年皇后降書中外、乃曰歷年二百、人不知兵、傳世九君、世無失德、雖舉族有北轅之釁、而敷天同左袒之心、乃眷賢王、越居舊服、高宗乃卽位于南京應天府、皆所謂渙王居也益卦中爻爲坤、利用爲依遷國此爻一變亦中爻成坤、故渙王居、坎錯離、離爲日、王之象五乃君位亦有王之象孔子恐人不知王居二字、故小象曰正位也、曰正位、義自顯明。○九五陽剛中正以居尊位當渙之時爲臣民者渙其躬渙其群濟渙之功成矣乃誕告多方遷居正位故有渙汗其大號渙王居之象雖其始也不免有土崩瓦解之虞至此則恢復舊物大一統宇矣以義揆之則无咎也故其占爲无咎

象曰王居无咎正位也

光武諸將于中山上尊號不聽耿純進曰天下士大夫捐親戚弃土壤從大王于矢石之間者其計固望攀龍鱗附鳳翼以成其志耳今大王留時逆

一裂不正號位恐士夫絕望計窮有去歸之思無爲
久自若也此即正位之意蓋京師天下根本當渙
之時王者必定其所居之地以正其位位既正則
人心無攜貳昔之渙者今統于一矣故渙王居者
乃所以正位也

上九渙其血句去逖出无咎（去去聲）

依小象渙其血作句血者傷害也渙其血者渙散
其傷害也逖者遠也當渙之之時干戈擾攘生民
塗炭民之逃移而去鄉土者多矣去逖出者言去

遠方者得出離其遠方而還也。此爻變坎。下應坎

坎爲血。血之象也。又爲隱伏。遠方竄伏之象也。○

上九以陽剛當渙之極。方其始而渙散之時。其傷

害其遠遯、二者所不免也。今九五誕告多方。遷居

正位。歸于一統。非復前日之離散。則傷害者得渙

散矣。遠遯者得出離矣。故有渙血去逖出之象。而

其占則无咎也。

象曰渙其血遠害也

渙其血去逖出則危者已安。否者已泰。其渙之害

遠矣。故曰遠害也。

䷻ 兌下坎上

節者、有限而止也。爲卦下兌上坎。澤上有水。其容有限。若增之則溢矣。故爲節。序卦渙者、離也。物不可以終離。故受之以節。所以次渙。

節亨。苦節不可貞。

五行以甘爲正味。稼穡作甘者、以中央土也。若火炎上則焦枯。所以作苦。不可貞者、不可固守以爲常也。凡人用財脩己、皆有中道。如天地之牛角繭栗賔客之牛角尺損則用二簋萃則用大牲此中道也若晏子之豚肩不掩豆梁武帝以麵爲犧牲則非經常而不可久矣仕止久速各有攸當或遠或近或去或不去歸潔其身如屈原申屠狄之投河陳仲子之三日不食許行之並耕泄柳之閉門皆非經常而不可久者也

彖曰節亨剛柔分而剛得中苦節不可貞其道窮也說以行險當位以節中正以通天地節而四時成節以制度不傷財不害民

以卦綜釋卦辭。又以卦德卦體釋亨之義而極言之。坎剛卦。兌柔卦。節渙相綜。在渙則柔外而剛內。在節則剛外而柔內。則剛柔分也。剛得中者、二五也。二五皆剛居中也。言剛柔雖分內分外。而剛皆得中。此其所以亨也。惟其中所以亨。若苦節則不貞矣。不中則天理不順。人情不堪。難于其行。所以窮也。蓋窮者、亨之反。亨則不窮。窮則不亨。當位指九五。八卦正位坎在五。故以當位言之。中正者五中正也。通者、推行不滯而通之天下也。坎爲通。故以通言之蓋所謂節者以其說而行險也蓋說則易流遇險則止說而不流所以為節且陽剛當九五之位有行節之勢以是位而節之九五且中正之全有體節之德以是德而通之此所以為節之會故占者亨若以其極言之陽極陰生陰極陽生柔節之以剛剛節之以柔皆有所制而不過天地之節也天地有節則分至啓閉晦朔弦望四時不差而歲功成矣制者法禁也故天子之言曰制書度者則也分寸尺丈引為五度十分為寸十寸為

尺。十尺爲丈。十丈爲引。皆有所限制而不過。節以制度。是量入爲出。如周禮九賦九式有常數常規是也。不傷者、財不至于匱乏。不害者、民不苦于誅求。桀過乎節。貊不及乎節。不傷不害。惟聖人能之。

象曰澤上有水節君子以制數度議德行 行下孟反

古者之制。器用宮室衣服。莫不有多寡之數。隆殺之度。使賤不踰貴。下不侵上。是之謂制數度。如繁纓一就三就之類是也。得于中爲德。發于外爲行。議之者、商度其無過不及。而求歸于中。如直溫寬

栗之類是也坎爲矯輮制之象兌爲口舌議之象

制者節民于中議者節身于中

初九不出戶庭无咎

中爻艮爲門門在外戶在內故二爻取門象此爻取戶象前有陽爻蔽塞閉戶不出之象也又應四險難在前亦不當出亦不出之象也此象所該者廣在爲學爲含章在處事爲括囊在言語爲簡默在用財爲儉約在立身爲隱居在戰陣爲堅壁繫辭止以言語一事言之无咎者不失身不失時也

○初九陽剛得正居節之初知前爻蔽塞又所應險難不可以行故有不出戶庭之象此則知節之時者也故占者无咎

象曰不出戶庭知通塞也

道有行止時有通塞不出戶庭者知其時之塞而不通也此塞字乃孔子取內卦之象

九二不出門庭凶

聖賢之道以中爲貴故邦有道其言足以興邦無道其默足以容九二當禹稷之位守顏子之節初

之无咎二之凶可知矣。○九二前無蔽塞。可以出門庭矣。但陽德不正。又無應與。故有不出門庭之象。此則惟知有節而不知通其節。節之失時者也。故凶。

象曰不出門庭凶失時極也

極。至也。言失時之至。惜之也。初與二小象皆一意。惟觀時之通塞而已。初時之塞矣。故不出戶庭无咎。二時之通矣。故不出門庭凶。所以可仕則仕。可止則止。孔子為聖之時。而禹稷顏回同道者。皆一意也。

六三不節若則嗟若无咎

兌爲口舌。又坎爲加憂。又兌悅之極則生悲嘆。皆嗟嘆之象也。用財恣情妄費則不節矣。修身縱情肆欲則不節矣。嗟者、財以費而傷。德以縱而敗。豈不自嗟若。助語辭。自作之孽。何所歸咎。○六三當節之時。本不容不節者也。但陰柔。不正。無能節之德。不節之後。自取窮困。惟嗟嘆而已。此則不能節者也。占者至此。將何咎哉。故無所歸咎。

象曰不節之嗟又誰咎也
此與解卦小異。詳見解卦。
六四安節亨
安者順也。上承君之節。順而奉行之也。九五爲節之主。當位以節。中正以通。乃節之極美者。四最近君。先受其節。不節之節、以脩身用財言者。舉其大者而言耳。若臣安君之節。則非止二者。蓋節者中其節之義。在學爲不陵節之節。在禮爲節文之節。在財爲撙節之節。在信爲符節之節。在臣爲名節。

之節在君師爲節制之節故不止于修身用財〇
六四柔順得正上承九五乃順其君而未行其節
者也故其象爲安其占爲亨
象曰安節之亨承上道也
承上道即遵王之道
九五甘節吉往有尚
甘者樂易而無艱苦之謂坎變坤坤爲土其數五
其味甘甘之象也凡味之甘者人皆嗜之下卦乃
悅體又兌爲口舌甘節之象也諸爻之節節其在

我者九五之節以節節人者也臨卦六三居悅體之極則求悅乎人故无攸利節之九五居悅體之上則人悅乎我故往有尚吉者節之盡善盡美也往有尚者立法于今而可以垂範于後也蓋甘節者中正也往有尚者通也數度德行皆有制議而通之天下矣正所謂當位以節中正以通也○九五爲節之主節之甘美者也故占者不惟吉而且往有尚

象曰甘節之吉居位中也

中可以無正。故止言中。

上六苦節貞凶悔亡

苦節雖本文王卦辭。然坎錯離。上正居炎上之地。炎上作苦。亦有苦象。貞凶者、雖無越理犯分之失。而終非天理人情之安也。蓋以事言。無其節之吉、故貞凶。以理言。無不節之嗟。故悔亡。易以禍福配道義。而道義。重于禍福。故大過上六。過涉滅頂。无咎。而此。曰悔亡。見理之得失。重于事之吉凶也。○

上六居節之極。蓋節之苦者也。故有卦辭苦節之

象節既苦矣故雖正不免于凶然禮奢寧儉而悔終得亡也

象曰苦節貞凶其道窮也

道窮見彖辭

䷼ 兌下巽上

孚信也爲卦二陰在內四陽在外而二五之陽皆得其中以一卦六爻言之爲中虛以二體之二五言之爲中實皆孚之象也又下說以應上上巽以順下亦有孚義序卦節而信之故受之以中孚所

以次節。

中孚豚魚吉利涉大川利貞

豚魚生于大澤之中。將生風則先出拜。乃信之自然。無所勉強者也。唐詩云、河(江)豚吹浪夜還風是也。信如豚魚則吉矣。本卦上風下澤。豚魚生于澤知風。故象之。鶴知秋。雞知旦。三物皆信。故卦爻皆象之。利貞者、利于正也。若盜賊相約。男女相私。豈不彼此有孚。然非天理之正矣。故利貞。

彖曰中孚柔在內而剛得中說而巽孚乃化邦也豚

魚吉信及豚魚也利涉大川乘木舟虛也中孚以利
貞乃應乎天也

以卦體卦德卦象釋卦名卦辭二柔在內而中虛
二剛居中而中實虛則內欲不萌實則外誘不入
此中孚之本體也而又下說上順上下交孚所以
孚乃化邦也若徒木立信乃出于矯強矣安能化
邦易舉正止有信及也三字無豚魚二字及者至
也言信至于豚魚則信出自然矣如此信此所以
吉也乘木舟虛者本卦外實中虛有舟虛之象至

誠以涉險。如乘巽木之空。以行乎兌澤之上。又豈有沉溺之患。所以利涉大川。應乎天者、信能正則事事皆天理。所謂誠者天之道也。貞應乎天。所以利貞。

象曰澤上有風中孚君子以議獄緩死

聖人之于卦、以八卦爲之體。其所變六十四卦中。錯之綜之。上之下之。皆其卦也。如火雷噬嗑文王之意。以有火之明。有雷之威。方可用獄。孔子大象言用獄者五。皆取雷火之意。豐取其雷火也。旅與賁艮綜震亦雷火也解則上雷而中爻爲火也下體錯離亦火也此爻則大象爲火而中爻爲雷也蓋孔子于易常編三絕胞中之義理無窮所以無往而非其八卦不然風澤之與議獄緩死何相干涉哉易經一錯一綜大象中爻觀此五卦自然黙悟兌爲口舌議之象巽爲不果緩之象○議獄緩死者議獄罪當死矣乃緩其死而欲求其生也風入水受者中孚之象也議獄緩死則至誠惻怛之意溢于用刑之間矣

初九虞吉有他不燕

虞者樂也安也燕者喜也安也二字之義相近有他者其志不定而他求其所應也本卦三四皆陰爻六三則陰柔不正六四則得八卦之正位者因有此陰柔不正者隔于其中故周公方設此有他之戒若論本爻應爻則不容戒也○初九陽剛得正而上應六四四蓋柔上得正者也當中孚之初其志未變故有與六四相信而安樂之象占者如是則吉若不信于六四而別信于他則是不能安

樂其中孚矣。故戒占者如此。

象曰：初九虞吉，志未變也。

方初。中孚之志未變。

九二：鳴鶴在陰，其子和之。我有好爵，吾與爾靡之。和，去聲。

大象離。雉象。變震。鵠象。皆飛鳥之象也。不言雉鵠而言鶴者。鶴信故也。鶴八月霜降則鳴。兌乃正秋。故以鶴言之。中孚錯小過之遺音。又兌為口舌。鳴之象也。故謙豫二卦象小過，皆言鳴。在陰者、鶴行依洲嶼不集林木。九居陰爻在陰之象也。巽爲長女。兌爲少女。子母之象也。好爵者、懿德也。陽德居中。故曰好爵。子與爾皆指五。因中孚感應極至而無以加。所以不論君臣。皆呼子爾也。言懿德人之所好。故好爵雖我之所有。而彼亦繫戀之也。物之相愛者。莫如子母之同心。人之所慕者莫如好爵之可貴。鶴鳴子和者。天機之自動也。好爵爾靡者。天理之自孚也。靡與縻同、繫戀也。巽爲繩繫之象也。○九二以剛中居下。有中孚之實。而九五剛中

居上亦以中孚之實應之故有此象占者有是德方有是感應也

象曰其子和之中心願也

誠意所願非九二求于九五也

六三得敵或鼓或罷或泣或歌

得敵者得對敵也指上九之應也言六三不正上九亦不正也陰陽皆位不當所以曰得敵巽爲進退爲不果作止之象又中爻震爲鼓鼓之象艮爲止罷之之象本卦大象離錯坎坎爲加憂泣之象

兌爲口舌。爲巫歌之象。〇六三陰柔不正。而上應九之不正。此爲悅之極。彼爲信之窮。皆相敵矣。是以或鼓或罷。而作止不定。或泣或歌。而哀樂無常。其象如此。占者不能孚信可知矣。

象曰。或鼓或罷。位不當也。

陰居陽位。

六四。月幾望。馬匹亡。无咎。

月幾望者。月與日對而從乎陽也。本卦下體兌。中爻震。震東兌西。日月相對。故幾望。曰幾者。將望而猶未望也。因四陰爻近五陽爻。故有此日月之象。馬匹亡者。震為馬。馬之象也。此爻變。中爻成離牛。不成震馬矣。馬匹亡之象也。匹者配也。指初九也。曰亡者。不與之交而絕其類也。无咎者。心事光明也。○六四當中孚之時。近君之位。柔順得正而中孚之實德。惟精白以事君。不係戀其黨與者也。故有月幾望馬匹亡之象。占者能是。則无咎矣。

象曰。馬匹亡。絕類上也。

絕其類而上從五也。

九五有孚攣如无咎

攣如、即鶴鳴子和。我爵爾靡也。靡字與攣字皆有固結而不可解之意。靡者、繫戀也。攣者、相連也。如合九二共成一體。包二陰以成中孚。故有此象。若以人事論。乃委用專而信任篤。虞廷之賡歌。有商之一德是也。无咎者、上下交而德業成也。○九五居尊位。為中孚之主。剛健中正有中孚之實德。而下應九二。與之同德相信。故其象占如此。

象曰有孚攣如位正當也

與履不同。履周公爻辭乃貞厲，此則无咎。

上九，翰音登于天，貞凶。

禮記雞曰翰音。而此亦曰翰音者，以巽爲雞也。因錯小過飛鳥遺之音，故九二曰鶴鳴，而此曰翰音也。雞信物，天將明則鳴，有中孚之意。巽爲高，登天之象也。又居天位，亦登天之象也。禮記註：翰，長也。雞肥則音長。考諸韻無長字之義。翰，羽也。雞鳴則振拍其羽，故曰翰音，則翰音即雞鳴二字也。登者，升也。言雞鳴之聲登聞于天也。雞鳴本信，但鳴未幾而天明。不能信之長久。巽進退不果。不長久之象也。九二上孚于五。在陰而子和。上九不下孚于三。翰音反登天。其道蓋相反矣。貞者信本正理也。○上九居中孚之極。極則中孚變矣。蓋聲聞過情。不能長久于中孚者也。故有此象。占者得此。貞亦凶矣。

象曰翰音登于天何可長也

言不能鳴之長登于天。不過天將明一時而已。

䷽ 艮下震上

小謂陰也。爲卦四陰二陽。陰多于陽。小者過也。故曰小過。序卦有其信者必行之。故受之以小過。所以次中孚。

小過亨利貞可小事不可大事飛鳥遺之音不宜上宜下大吉

小過錯中孚。象離。離爲雉。乃飛鳥也。既錯變爲小過。則象坎矣。見坎不見離。則鳥已飛過。微有遺音也。易經錯綜之妙至此。若以卦體論。二陽象鳥身。上下四陰象鳥翼。中爻兌爲口舌。遺音之象也。遺音人得而聽之。則鳥低飛在下不在上。與上六飛鳥離之者不同矣。大過曰棟撓。棟、重物也。故曰大過。飛鳥輕物。而又曰遺音。故曰小過。不宜上宜下。又就小事言也。如坤之居後。不居先是也。上經終之以坎離。坎離之上頤與大過。頤有離象。大過有坎象。方繼之以坎離。下經終之以既濟未濟。既濟未濟之上。中孚與小過。中孚有離象。小過有坎象。方繼之既濟未濟。文王之序卦精矣。○陰柔于人無所適。于事無所拂。故亨。然利于正也。蓋大過則以大者爲貞小過則以小者爲貞故可小事不可大事然卦體有飛鳥遺音其過如是其小之象故雖小事亦宜收歛謙退居下方得大吉惟小事而又居下斯得時宜而貞矣可小事不可大事者當小過之時宜下不宜上者行小過之事

彖曰小過小者過而亨也過以利貞與時行也柔得中是以小事吉也剛失位而不中是以不可大事也有飛鳥之象焉飛鳥遺之音不宜上宜下大吉上逆而下順也

以卦體卦象釋卦名卦辭。陽大陰小。本卦四陰二陽。是小者過也。此原立卦名之義。過而亨者、言當小過之時。不容不小過。不小過則不能順時。豈得亨。惟小者過所以亨也。時者、理之當可也。時當小過而小過。非有意必之私也。時之宜也。乃所謂正也。亦如當大過之時。理在于大過。不得不大過則以大過爲正也。故過以利貞者。與時行也。以二五言。柔順得中。則處一身之小事。能與時行矣。所以小事吉。以三四言。凡天下之大事。必剛健中正之君子方可爲之。今失位不中，則陽剛不得志矣。所以不可大事。卦體內實外虛。有飛鳥之象焉。故卦辭曰飛鳥遺之音。不宜上者。上卦乘陽，且四五失位。逆也。宜下大吉者。下卦承陽。且二三得正。順也。惟上逆而下順。所以雖小事亦宜下也。無非與時行之意。

象曰山上有雷小過君子以行過乎恭喪過乎哀用過乎儉行下孟反

山上有雷。其聲漸遠。故爲小過。當小過之時。可小者過而不可大者過可以小過而不可甚過三者之過皆小者之過小過之善者也蓋當小過之時不容不過行不過乎恭則傲過甚則足恭喪不過乎哀則易過甚則滅性用不過乎儉則奢過甚則廢禮惟過恭過哀過儉則與時行矣

初六飛鳥以凶

因本卦有飛鳥之象故就飛鳥言之飛鳥在兩翼而初六上六又翼之銳者也故初與上皆言飛言凶以者因也因飛而致凶也○居小過之時宜下

不宜上。初六陰柔不正而上從九四陽剛之動。故有飛鳥之象。蓋惟知飛于上而不知其下者也。凶可知矣。故占者凶。

象曰飛鳥以凶不可如何也

不可如何。莫能解救之意。

六二過其祖遇其妣不及其君遇其臣无咎

遇字詳見噬嗑六三。陽爲父。陰爲母。祖妣之象。震艮皆一君二民。君臣之象。三四陽爻皆居二之上。有祖象。有君象。初在下。有妣象。有臣象。陰四故曰過。陽二故曰不及。本卦初之與四。上之與三。皆陰陽相應。陰多陽少。又陽失位。似陰有抗陽之意。故二陽爻皆言弗過。此爻不應乎陽。惟與初之陰相遇。故曰遇妣遇臣也。觀九四遇五曰遇。上六隔五曰弗遇可見矣。蓋遇者。非正應而卒然相逢之辭。言以陰論。四陰二陽。若孫過其祖矣。然所遇者乃妣也。非遇而抗乎祖也。以陽論。二陽四陰。若不及在君。過在臣矣。然所遇者乃臣也。非過而抗乎君也。若初之于四。上之于三。則祖孫君臣相爲應與。

對敵而抗矣所以初與上皆凶此爻因柔順中正所以過而不過○本卦陰過乎陽陰陽不可相應六爻以陽應陰者皆曰弗過以陰應陽者則曰過之六二柔順中正以陰遇陰不抗乎陽是當過而不過无咎之道也故其象占如此

象曰不及其君臣不可過也

臣不可過乎君故陰多陽少不可相應

九三弗過句防之從或戕之凶

弗過者陽不能過乎陰也兩字絕句本卦陰過乎

陽。故二陽皆稱弗過防之者。當備懼防乎其陰也。從者。從乎其陰也。何以衆陰欲害九三。蓋九三剛正。邪正不兩立。況陰多乎陽。○九三當小過之時陽不能過陰。故言弗過。然陽剛居正。乃群陰之所欲害者。故當防之。若不防之而反從之。則彼必戕害乎我而凶矣。故戒占者如此。

象曰。從或戕之。凶如何也。

如何者。言其凶之甚也。

九四。无咎。弗過遇之。往厲必戒。勿用永貞九四與九三不同。九三位當，九四位不當，故言咎。弗過者，弗過乎陰也。遇之者，反遇乎陰也。三之陰在下，其性止，故惟當防。四之陰在上，陽性上行，且其性動，與之相比，故遇也。往者，往從乎陰也。永貞者，貞實之心長相從也。○九四以剛居柔，若有咎矣。然當小過之時，剛而又柔，正即所謂小過也，故无咎。若其陽弗過乎陰，亦如其二。但四弗過乎陰而反遇乎陰，不當往從之。若往從乎彼，與之相隨，則必危厲，所當深戒，况相從而與之長永貞固乎。

故又戒占者如此。

象曰弗過遇之位不當也往厲必戒終不可長也

位不當者。剛居柔位。終不可長者。終不可相隨而長久也。所以有往厲勿用之戒。舊註因不知三爻四爻弗過二字絕句。所以失旨。

六五密雲不雨自我西郊公弋取彼在穴

本卦大象坎。雲之象也。中爻兊。雨之象也。又兊西巽東。自西向東之象也。以絲繫矢而射曰弋。坎爲弓。弋之象也。又巽爲繩。亦弋之象也。坎爲隱伏。又坎出自穴入于穴皆穴之象也鳥之巢穴多在高處今至五則已高而在上矣故不言飛而言穴本卦以飛鳥遺音象卦體今五變成兌不成震鳥不動在于穴之象也公者陽失位在四五居四之上故得稱公也取彼者取彼鳥也鳥既在穴則有遮避弋豈能取之雲自西而東者不能成其雨弋取彼在穴者不能取其鳥皆不能小過者也蓋雨之事大則雷雨小則微雨射之事大則狩小則弋如有微雨是雨之小過矣能取在穴是弋之小過矣

今不可不能取是不能小過也小畜以小畜大小過以小過大畜與過皆陰之得志也故周公小過之爻辭同文王小畜之卦辭○本卦宜下不宜上至外卦則上矣五以柔居尊而不正不能成小過之事故有此象占者亦如是也

象曰密雲不雨已上也

本卦上逆下順宜下不宜上今已高在上矣故曰已上也

上六弗遇句過之飛鳥離之凶是謂災眚

此爻正與四爻相反。四曰弗過遇之者。言陽不能過乎陰而與五相比。是弗過乎陰而適遇乎陰也。此曰弗遇過之者。言上六隔五不能遇乎陽。而居于上位。反過乎陽也。因相反所以曰弗過遇之。曰弗遇過之。顛倒其辭者。以此離之者高飛遠舉。不能聞其音聲。正與飛鳥遺之音相反。凡陰多與陽者。聖人皆曰有災眚。故復卦上六亦言之。○六以陰居動體之上。處小過之極。蓋過之高而亢者也。陰過如此。非陰之福也。天災人眚薦至。凶孰甚焉。

故其象占如此。

象曰弗遇過之已亢也

亢則更在上矣。

䷾ 離下坎上

既濟者事之已成也。爲卦水火相交。各得其用。又六爻之位。各得其位。故爲既濟。序卦有過物者必濟。故受之以既濟。所以次小過。

既濟亨小利貞初吉終亂

亨小者。言不如方濟之時。亨通之盛大也。譬如日

柔皆正而
六十四卦中
而已極特蒙

之既昃不如日中之盛所以亨小而不能大也利貞者即泰之艱貞也日中則昃月盈則食無平不陂無往不復一治一亂乃理數之常方濟之時人心儆戒固無不吉矣及既濟之後人心恃其既濟般樂怠敖未有不亂者此雖氣數之使然亦人事之必然也故利于貞

彖曰既濟亨小者亨也利貞剛柔正而位當也初吉柔得中也終止則亂其道窮也

釋卦名亨小彖又以卦體釋卦辭言既濟亨小者

非不亨也。正當亨通之時也。但濟曰既。則亨小。不如方濟之時亨通之盛大矣。故曰既濟亨小。者亨也。非不亨也。特小耳。小字生于既字。初三五陽居陽位。二四六陰居陰位。剛柔正而位當也。剛柔正即是位當。有貞之義。故曰利貞。初指六二。二居內卦方濟之初。而能柔順得中。則思患深而豫防密所以吉也。終止則亂者。人之常情。處平常無事之時。則止心生。止則心有所怠。而不復進。亂之所由起也。處艱難多事之時。則戒心生。戒則心有所畏。

而不敢肆此治之所由興也可見非終之爲亂也於其終而有止心此亂之所由生也不止亂安從生文王曰終亂孔子曰終止則亂聖人贊易之旨深矣其道窮者以人事言之怠勝敬則凶此人道以理而窮也以天運言之盛極則必衰此天道以數而窮也以卦體言之水在上終必潤下火在下終必炎上此卦體以勢而窮也今當既濟之後止心既生豈不終亂故曰其道窮

象曰水在火上既濟君子以思患而豫防之

患者、蹇難之事。象坎險。防者、見幾之事。象離明。思以心言。豫以事言。思患者、慮乎其後。豫防者、圖之于先。能如此則未雨而徹桑土。未火而徙積薪。天下之事莫不皆然。非但既濟當如此也。

初九曳其輪濡其尾无咎

坎爲輪。爲狐。爲曳。輪狐曳之象也。初在狐之後。尾象。在水之下。濡象。若專以初論。輪在下。尾在後。皆初之象。濡其尾者、垂其尾于後而霑濡其水也。與賴輪以行。曳其輪則不前。獸必揭其尾而後涉。濡其尾則不濡皆不輕舉妄動之象也无咎者能保其既濟也○九當既濟之時尚在既濟之初可以謹戒而守成者然初剛得其正不輕于動故有曳輪濡尾之象以此守成无咎之道故其象占如此

象曰曳其輪義无咎也

以此守成理當无咎

六二婦喪其茀勿逐七日得

二乃陰爻離爲中女婦之象也又應爻中男乃五之婦也茀者車後茀也即今舟中篷之類所以從

竹。坎爲輿。離中虛。茀之象也。近日書房皆寫茀、茀者草多也。去茀遠矣、坎爲盜。離持戈兵。喪茀之象。也。此與屯卦六二相同。屯乘剛。故邅如班如。此則乘承皆剛。故喪其茀矣。婦人喪其茀。則無遮蔽。不能行矣。變乾居一。前坎居六。離爲日。七日之象也。勿逐自得者、六二中正。久則妄求去。正應合。所以勿逐自得也。又詳見睽卦初九。若以理數論。陰陽極于六七。則變矣。時變則自得。蓋變則通之意。○二以中正之德。而上應中正之君。本五之婦也。但

乘承皆剛與五不得相合故有婦喪茀不能行之象然上下中正豈有不得相合之理但俟其時耳故又戒占者勿可追逐宜令其自得也又有此象

象曰七日得以中道也

中道者居下卦之中此六二之德也濟世之具在我故不求自得

九三高宗伐鬼方三年克之小人勿用

離爲戈兵變爻爲震戈兵震動伐國之象也鬼方者北方國也夏曰□□商曰鬼方周曰□□漢曰

□□魏曰□□三與上六爲應。坎居北。故曰鬼方。坎爲隱伏。鬼之象也。變坤中爻爲方。方之象也。周公并空取鬼方二字也。離居三。三年之象也。既變坤。陽大陰小。小之象也。三居人位。小人之象也。變坤中爻成艮。止。勿用之象也。周公爻象一字不空。此所以爲聖人之筆也。○既濟之時。天下無事矣。三以剛居剛。故有伐國之象。然險陷在前。難以驟克。故文有三年方克之象。夫以高宗之賢。其用兵之難如此。而況既濟爲無事之世。任用小人。捨內治而幸邊功。未免窮兵厲民矣。故既言用兵之難。不可輕動。而又言任人不可不審也。教占者處既濟之時當如此。戒之深矣。

象曰三年克之憊也（憊蒲敗反）

憊者病也。時久師老。財匱力困也。甚言兵不可輕用。

六四繻有衣袽終日戒

細密之羅曰繻。凡帛皆可言。故過關之帛曰繻。袽者敝衣也。四變中爻爲乾。衣之象也。錯坤爲帛。繻之象也。又成兌爲毀折。散衣之象也。成卦爲旣濟本爻又得位。猶人服飾之盛也。濟道將革。不敢恃其服飾之盛。雖有繻不衣之。而乃衣其敝衣也。終日盡日也。居離日之上。離日已盡之象也。戒者。戒懼不安也。四多懼。戒之象也。衣袽以在外言。終日戒以心言。○六四當出離入坎之時。陰柔得正。知濟道將革。坎陷臨前。有所疑懼。故有有繻不衣。乃衣其袽。終日戒懼之象。占者必如是。方可保旣濟也。

象曰終日戒有所疑也

疑者、疑禍患之將至也。

九五東鄰殺牛不如西鄰之禴祭實受其福

鄰者、文王圓圖離居正南。坎居正北。震居正東。兌居正西。則東西者、乃水火之鄰也。故有東西之象。觀震卦上六變離。爻辭曰不于其躬。于其鄰。則震兌又以南北爲鄰矣。殺牛不如禴祭者。言當既濟之終。不當侈盛。當損約也。五變坤牛之象。離爲戈兵。坎爲血。見戈兵而流血。殺之象。禴、夏祭。離爲夏禴之象。坎爲隱伏。人鬼之象。又爲有孚誠心祭人鬼之象。殺牛。盛祭。禴薄祭。實受其福者、陽實陰虛。陽大陰小。小象曰、吉大來也。大字卽實字。吉字卽福字。大與實皆指五也。言如此損約。則五吉而受其福矣。泰入否。聖人曰、勿恤其孚。于食有福。既濟將終。聖人曰、不如禴祭。實受其福。聖人之情見矣。六四不衣美衣而衣惡衣。九二不尚盛祭而尚薄祭。皆善與處終亂者也。○五居尊位。當既濟之終。正終亂之時也。故聖人戒占者曰、濟將終矣。與其

侈盛不如艱難菲薄以亨既濟之福若侈盛則止而亂矣故其戒之之象如此

象曰東鄰殺牛不如西鄰之時也實受其福吉大來也

之當作知因與音同寫時之誤時即二簋應有時之時言東鄰殺牛不如西鄰知時也蓋濟道終亂之時此何時哉能知其時艱難菲薄以處之則自有以亨其既濟之福矣吉大來者言吉來于大也來字與益卦自外來也來字同

上六濡其首厲

初九卦之始。故言濡尾者。心有所畏懼而不敢遽涉也。上六卦之終。故言濡首者。志已盈滿而惟知其涉也。大過。上六。澤水之深矣。故滅頂。既濟。上六。坎水之深矣。故濡首。○既濟之極。正終亂之時也。故有狐涉水而濡首之象。既濡其首。已溺其身。占者如是。危可知矣。

象曰濡其首厲何可久也

言必死亡。

䷿ 坎下離上

未濟事未成之時也水火不交不相爲用其六爻皆失其位故爲未濟序卦物不可窮也故受之以未濟終焉所以次既濟

未濟亨小狐汔濟濡其尾无攸利

亨者言時至則濟矣特俟其時耳故亨也坎爲狐坎居下卦故曰小狐坎爲水爲隱伏穴處而隱伏往來于水間者狐也又爲心病故多狐疑既濟未濟二卦皆以狐言者此也水涸曰汔此指濟渡水邊水淺處言也濡其尾者言至中間深處即濡其

尾而不能涉矣。此未濟之象也。无攸利、戒占者之辭。○言未濟終于必濟。故亨。然豈輕于濟而得亨哉。如小狐不量水中之淺深。見水邉之淺涸。果于必濟。及濟于水之中。乃濡其尾而不能濟矣。如此求濟。豈得濟哉。占者无攸利可知矣。故必識淺深之宜。持敬畏之心。方可濟而亨也。

彖曰未濟亨柔得中也小狐汔濟未出中也濡其尾无攸利不續終也雖不當位剛柔應也

釋卦辭。柔得中。指六五。隂居陽位得中。則既不柔弱無爲。又不剛猛僨事。未濟終于必濟。所以亨。前卦既濟之初吉者。已然之亨也。柔中之善于守成者也。此卦未濟之亨者。未然之吉也。柔中之善于撥亂者也。未出中者。未出險中也。言止于水邊涸處濟之。而未能出其險陷之中也。濟而得濟謂之終。今未出中。則始雖濟而終不能濟。是不能繼續而成其終矣。然豈終于不濟哉。蓋六爻雖失位。故爲未濟。然剛柔相應。終有協力出險之功。是未濟終于必濟。此其所以亨也。

象曰火在水上未濟君子以慎辨物居方

火炎上水潤下物不同也火居南水居北方不同也君子以之慎辨物使物以群分慎居方使方以類聚則分定不亂陽居陽位陰居陰位未濟而成既濟矣

初六濡其尾吝

獸之濟水必揭其尾尾濡則不能濟濡其尾者言不能濟也○初六才柔又無其位當未濟之時乃不量其才力而冒險以進不能濟矣吝之道也故

其象占如此。

象曰濡其尾亦不知極也

極者終也。即彖辭濡其尾无攸利不續終也。言不量其才力而進。以至濡其尾。亦不知其終之不濟者也。

九二曳其輪貞吉

坎爲輪。曳其輪者。不遽然而進也。凡濟渡必識其才力量其淺深。不遽于進。方可得濟。不然必濡其尾矣。貞者。得濟之正道也。吉者。終得以濟也。○二以陽剛之才。當未濟之時。居柔得中。能自止而不輕于進。故有曳其輪之象。占者如是。正而吉矣。

象曰九二貞吉中以行正也

九居二本非其正。以中故得正也。

六三未濟征凶利涉大川

未濟者、言出坎險可以濟矣。然猶未濟也。故曰未濟。利涉大川者、正卦爲坎。變卦爲巽。木在水上。乘木有功。故利涉大川。征者、行也。初濡其尾。行而未濟也。二曳其輪。不行也。坎至于三。則坎之極。水益深矣。故必賴木以渡之。方可濟也。若不賴木而直行。則濡其尾而凶矣。○陰柔不中正。當未濟之時。病于才德之不足。故征凶。然未濟有可濟之道。險終有出險之理。幸而上有陽剛之應。若能涉險而往賴之則濟矣。故占者利于賴木以涉大川。利涉大川。又占中賴陽剛之象也。

象曰。未濟征凶。位不當也。

以柔居剛。

九四。貞吉悔亡。震用伐鬼方。三年有賞于大國。

震者懼也。四多懼。四變中爻爲震。故以震言之。伐鬼方三年。詳見既濟。大國對鬼方而言。則伐之者爲大國。鬼方爲小國也。有賞于大國者。三年鬼方自順服。故大國賞之。惟其有賞。故不言克之也。既濟言克之者。鬼方在上。仰關而攻克之甚難。且水乃尅火之物。火又在下。所以三年方克。小象曰憊者此也。此則鬼方在下。易于爲力。故自屈服。曰有賞者。如上之賞下也。未濟與既濟相綜。未濟九四即既濟九三。故爻辭同。亦如損益相綜。損之六五即益之六二夬姤相綜夬之九四即姤之九三所以爻辭皆同也綜卦之妙至此○以九居四不正而有悔也能勉而貞則吉而悔亡矣然以不貞之資非臨事而懼何以能濟天下之事哉故必憂惕敬懼之久則其志可行而有以賞其心志矣故占者又有震用伐鬼方三年有賞于大國之象

象曰貞吉悔亡志行也

志行者已出其險濟之之志行也履之九四否之九四睽之九四皆言志行以四多懼故也

六五貞吉无悔君子之光有孚吉

貞非戒辭。乃六五之所自有。无悔與悔亡不同。无悔者自无悔也。悔亡者有悔而亡也。未濟。漸濟。故雖六五之陰。而亦有暉光。既濟。漸不濟。故雖九五之陽。而必欲如西鄰之禴祭。凡天地間造化之事。富貴功名。類皆如此。〇六五爲文明之主。居中應剛。虛心以求九二之共濟。貞吉无悔矣。故本之于身。則光輝發越。徵之于人。則誠意相孚。吉不必言矣。占者有是德。方應是占也。文明卽君子之光中虛即有孚。

象曰君子之光其暉吉也

日光曰暉言如日光之盛。蓋六五承乘應皆陽剛。君子相助爲明。故其暉吉。

上九有孚于飲酒无咎濡其首有孚失是

六爻皆有酒象。易中凡言酒者。皆坎也。上二爻雜錯坎亦酒也。是字即无咎二字。濡其首者二也。坎水至三。坎水極深矣。故涉之者濡其首。既濟之上六即未濟之六三也。既濟言濡其首。故上九與六三爲正應。卽以濡其首言之。○六五爲未濟之主。資九二之剛中。三涉川。四伐國。至于六五。光輝發越。已成克濟之功矣。上九負剛明之才。又無其位。果何所事哉。惟有孚于五。飲酒宴樂而已。此則近君子之光所有孚者是矣。无咎之道也。若以濡其首之三爲我之正應。乃有孚于二。與之飲酒。則墜落于坎陷之中。與三同濡其首。所有孚飲酒者不是矣。安得无咎哉。故曰有孚失是。教占者必如此。

象曰飲酒濡首亦不知節也

節者事之界也。濡首同于六三。亦不知三在坎險之界。而自罹其咎矣。

易經集註卷之十二終